일본이 보이는 독해문

백동선 지음

신아사

머리말

일본을 이해하는 방법에는 여러 가지가 있을 수 있다. 본서는 일상적인 독해문으로 일본어의 구문을 이해하는 방법에서 벗어나, 일본의 전체상을 이해할 수 있는 내용으로 구성하여 독해문뿐만 아니라 일본 자체에 대해서도 이해할 수 있도록 구성하였다. 이왕 일본어 독해문을 공부할 것이라면 그 내용으로 일본에 대한 지식을 더불어 익히자는 취지이다. 일석이조를 노리는 셈이다.

본서에서는 1부와 2부로 나누어 독해문을 구성하였다. 제1부에서는 일본의 광역자치단체인 도도부현을 통하여 일본의 전체상을 파악한다. 각 행정구역에서 볼 수 있는 특징을 살피어 일본 전체를 시야에 넣고자 함이다.

제2부에서는 연중행사를 통하여 일본을 알아간다. 각 월별로 대표할 수 있는 일본의 행사를 통하여 일본문화와 풍습을 이해하는 코너이다. 예를 들면 설날의 풍경이나, 꽃놀이, 축제, 음식, 연말행사 등을 살펴보는 형식이다.

각 과별로 본문과 관련된 어구를 정리하여 이해의 폭을 넓히도록 하였으며, 연관 단어를 제시하여 고급 수준의 어휘도 익힐 수 있게 하였다. 또한 일본어 문장에 대한 번역문을 실어 일본어로 된 내용을 완벽하게 이해하기 위한 조력자로 하였다.

일본어와 관련된 다양한 상식을 각 과의 말미에 노트 형식으로 실었다. 기분전환을 위한 일본의 수수께끼 등을 통하여 문형연습을 겸하는 경우도 있다. 또한 내용이 다소 어렵게 느껴질 수도 있기 때문에 일본의 옛날이야기를 몇 개 선정하여 싣는다. 옛날이야기를 통하여 일본어문장에 친숙해짐과 더불어 일본의 언어문화에도 익숙해지기 위함이다. 즐기면서 일본어 독해문을 접할 수 있게 된다. 그 외에도 발성연습, 일본어능력시험을 가늠해 볼 수 있는 어휘와 문제, 한자, 신체발부에 관련된 숙어, 속담, 청소년어, 십간십이지나 연령을 나타내는 용어 등, 다양한 종류의 구문과 문장을 통하여 일본과 일본어를 살펴보고, 상식을 함양할 수 있게 하였다.

각 도도부현 별로 인구와 같은 통계를 제시하는 경우가 있다. 어디까지나 이해를 위한 것으로 굳이 일일이 암기할 필요는 없다. 대략 그 정도이구나, 하고 생각하면 된다. 통계는 현재를 기준으로 하였기 때문에 변화의 가능성이 있다. 또한 각 지역의 특산물을 제시하는 경우가 많은데 어느 지역에서 무엇이 많이 산출되는가 하는 것은 어디까지나 참고로 하고, 각 용어를 이해하여 어휘력을 높이는 데 더욱 관심을 갖기 바란다.

내용 중에는 일본어의 용어를 그대로 한글화해야 되는 경우가 있다. 기본적으로는 일본어의 한글표기법에 따르지만, 실제 발음과 너무 괴리가 있는 경우에는 좀 더 현실적인 표기를 하도록 하였다.

아무쪼록 본 교재를 통하여 일본을 학습함으로 인해 일본을 아는 지식인으로 거듭나기 바란다.

2018년 8월 28일

저자 백동선

목차

第1部　地域特性で見る日本

（제1부 지역특성으로 본 일본）

第1部では日本の外観から始めて、各地域の特性を捉えることにします。八つの地方区分と各地方に属する都道府県および各行政区域の特徴などを調べることによって、日本を理解していくことにしましょう。

（제1부에서는 일본의 외관부터 시작하여, 각 지역의 특성을 알아보기로 하겠습니다. 8개의 지방구분과 각 지방에 속하는 도도부현 및 각 행정구역의 특징 등을 알아봄으로써 일본을 알아가도록 하지요）

第1課　日本の国土

日本という国は比較的大きい国です。日本は南北に長い形の島国(しまぐに)です。南端から北端まで日本の南北は3000キロメートルもあります。国土面積は約37万8千平方キロメートルで、世界の国の中で60番目くらいの広さです。地球上の陸地の約400分の1に当たります。世界には約200の国があるから国土面積の面でも上位にランクされていることが分かります。

排他的(はいたてき)経済水域(けいざいすいいき)の範囲を見ると、日本はもっと広く見えます。排他的経済水域とは漁業をしたり、石油などの天然資源を掘ったりする活動を他の国にじゃまされず自由に行うことができる水域のことです。この水域は日本の国土面積の10倍以上もあって、世界で6番目くらいの広さを持っています。勿論、経済の面においては世界のトップクラスですが、ここでは経済の面は触れないことにします。

日本の地理的位置は北緯(ほくい)20度から45度、東経(とうけい)122度から153度にあります。島国で四面が海に囲まれています。島の数は全部で14125個ですが、このうち人が住んでいる有人島は400個くらいあります。ここで「島」というのは

海岸線の長さが100メートル以上のものを指します。日本はこれらの島々が列をなして連なっているので「日本列島」とも呼ばれます。

大きな島が四つありますので、普通 「日本は四つの大きな島で構成されている」などと言われています。この四つは上から「北海道(ほっかいどう)、本州(ほんしゅう)、四国(しこく)、九州(きゅうしゅう)」のことです。本州が最も大きく、北海道、九州、四国の順になります。

ただし、この四つは行政区域で区切られたものではなく、島に数えない場合もあります。それで、日本でどこそこの島に行くと言った場合には普通この四つを除いて言うことが多いです。メインとなるこの四つを除くと、「沖縄島(おきなわとう : 沖縄県)、佐渡島(さどがしま : 新潟県)、奄美大島(あまみおおしま : 鹿児島県)、対馬(つしま : 長崎県)」という順番に島の大きさが決まります。沖縄島も後で併合されたものですので、日本人の間では佐渡島が一番大きな島だとの認識もあります。

語句

平方キロメートル（へいほうキロメートル）：평방킬로미터

排他的経済水域（はいたてきけいざいすいいき）：배타적 경제수역

触れる（ふれる）：닿다. 언급하다.

北緯（ほくい）：북위. 적도에서 북쪽으로 측정한 위도. ↔ 南緯（なんい：남위）

東経（とうけい）：동경. 영국의 그리니치를 통하는 본초자오선을 0도로 하여 그 동방 180도까지의 경도. ↔ 西経（せいけい：서경）

島々（しまじま）：많은 섬. 여러 섬들.

列をなす（れつをなす）：열을 짓다

連なる（つらなる）：줄지어 이어지다. 늘어서 있다.「列なる」라고도 쓴다.

区切る（くぎる）：구분하다. 일단락을 짓다.

沖縄島（おきなわとう）：오키나와토. 오키나와현에 있는 섬 중에서 가장 큰 섬의 이름.

佐渡島（さどがしま）：사도가시마. 니가타현에 있는 섬 이름.

奄美大島（あまみおおしま）：아마미오시마. 가고시마현에 있는 섬 이름.

対馬（つしま）：쓰시마. 나가사키현에 있는 섬 이름.

해석

제1과 일본의 국토

일본이라는 나라는 비교적 큰 나라입니다. 일본은 남북으로 긴 형태의 섬나라입니다. 남단에서 북단까지 일본의 남북은 3000킬로미터나 됩니다. 국토면적은 약 37만8천 평방킬로미터로 세계의 국가 중에서 60번째 정도의 넓이입니다. 지구상의 육지의 약 400분의1에 해당합니다. 세계에는 약 200개의 국가가 있으니까 국토면적의 면에서도 상위에 랭크되어 있다는 것을 알 수 있습니다.

배타적 경제수역의 범위를 보면 일본은 더욱 넓게 보입니다. 배타적 경제수역이란 어업을 하거나 석유 등의 천연자원을 캐거나 하는 활동을 다른 나라에게 방해받지 않고 자유롭게 행할 수 있는 수역을 말합니다. 이 수역은 일본 국토면적의 10배 이상이나 되어 세계에서 6번째 정도의 넓이를 가지고 있습니다. 물론, 경제면에 있어서는 세계의 톱클래스입니다만, 여기에서는 경제면은 언급하지 않는 것으로 하겠습니다.

일본의 지리적 위치는 북위 20도에서 45도, 동경 122도에서 153도에 있습니다. 섬나라여서 사면이 바다로 둘러싸여 있습니다. 섬의 수는 전부 14125개입니다만, 이 중에서 사람이 살고 있는 유인도는 400개 정도 됩니다. 여기에서 「섬」이라고 하는 것은 해안선의 길이가 100미터 이상인 것을 가리킵니다. 일본은 이들 섬들이 열을 지어 이어져 있기 때문에 「일본열도」라고도 불립니다.

큰 섬이 4개 있기 때문에 보통 「일본은 네 개의 큰 섬으로 구성되어 있다」라고들 합니다. 이 네 개는 위로부터 「홋카이도, 혼슈, 시코쿠, 규슈」를 말합니다. 혼슈가 가장 크고 홋카이도, 규슈, 시코쿠의 순서가 됩니다.

단, 이 네 개는 행정구역으로 구분된 것이 아니고, 섬으로 계산하지 않는 경우도 있습니다. 그래서, 일본에서 어디어디의 섬에 간다고 하는 경우에는 보통 이 네 개를 빼고 말하는 경우가 많습니다. 메인이 되는 이 네 개를 제외하면, 「오키나와토 (오키나와현), 사도가시마 (니가타현), 아마미오시마 (가고시마현), 쓰시마 (나가사키현)」라는 순서로 섬의 크기가 정해집니다. 오키나와토도 나중에 병합된 것이기 때문에, 일본인들 사이에서는 사도가시마가 가장 큰 섬이라는 인식도 있습니다.

노트 昔話①

桃太郎

むかし、むかし、ある所におじいさんとおばあさんが住んでいました。おじいさんは山へしば刈りに、おばあさんは川へ洗濯に行きました。すると川の向こうから大きな桃が流れてきました。

「なんと大きな桃なんだろう！家に持って帰ろう」　おばあさんは背中に担いで家に帰って来ました。桃を切ろうとすると、桃から大きな赤ん坊が「オギャー」と出てきました。

「おっとたまげた」　二人は驚いたけれども、とても幸せでした。

「何という名前にしましょうか」

「桃から生まれたから、桃太郎というのはどうだろう」

「それがいい」

桃太郎はあっという間に大きくなり、立派な優しい男の子になりました。ある日のことです。桃太郎は二人に言いました。

「鬼ケ島に悪い鬼が住んでいると聞きました」

「時々村に来て悪いことをするのでみんな困っている」とおじいさんが言いました。

「それでは私が行って退治しましょう。おかあさん、きび団子を作って下さい」

おばあさんはとてもおいしい日本一のきび団子を作りました。桃太郎は腰の袋に入れるとさっそく鬼ケ島に向けて旅立ちました。

途中、桃太郎は犬に会いました。

「桃太郎さん、袋の中に何が入っているの」

「日本一のきび団子だよ」

「僕に一つくれればお伴します」

犬は桃太郎から一つ団子をもらい、家来になりました。桃太郎と犬が歩いて行くと、猿がやってきました。

「桃太郎さん、袋の中に何が入っているんだい」

「日本一のきび団子だよ」

「僕に一つくれればお伴します」

猿は桃太郎から一つ団子をもらい、家来になりました。しばらく行くと、雉が飛んできました。

「桃太郎さん、袋の中に何が入っているの」

「日本一のきび団子だよ」

「僕に一つくれればお伴します」

雉は桃太郎から一つ団子をもらい、家来になりました。しばらく行くと鬼ケ島が見えてきました。

「あれが鬼ケ島に違いない」　犬が吠えました。

「お城が見える」　猿が叫びました。

「飛んでいって見てきます」　雉が鳴きました。

鬼ケ島に着くと、お城の門の前に、大きな鬼が立っていました。桃太郎は大きな石を掴むと鬼に向かって投げました。猿は門に登り、鍵を開けました。雉は鬼の目をつつきました。

「こりあ参った」　鬼は逃げていきました。

「助けてくれ」と叫ぶと、お城から沢山の鬼が出てきました。

ついに大きな鬼が出てきました。

「生意気な小僧。俺様が懲らしめてやる」　大きな鉄棒を振り回しながら言いました。

「あなたがかしらですか」と言うと桃太郎はすばやく鉄棒の上に飛び乗りました。

「悪い鬼、村人に悪いことをしたからには許せない。このやろう！」

「アイタタ、ごめん。ごめん。許してくれ。降参だ」

「本当か」

「本当です。嘘はつきません。宝物をやります」

桃太郎はお城の金や銀や織物など、荷車一杯の宝物を手に入れました。
とても素晴らしい一日でした。

単語

桃太郎(ももたろう) 모모타로, 복숭아도령, しば刈(か)り 나무하기, 担(かつ)ぐ 짊어지다, 赤(あか)ん坊(ぼう) 아기, たまげる 깜짝 놀라다, 鬼ヶ島(おにがしま) 도깨비 섬, 退治(たいじ)する 퇴치하다, きび団子(だんご) 수수경단, 日本一(にっぽんいち) 일본제일, 旅立(たびだ)つ 여행을 떠나다, お伴(とも)する 같이 가다, 家来(けらい) 부하, 雉(きじ) 꿩, 吠(ほ)える 짖다, お城(しろ) 성, 掴(つか)む 움켜쥐다, 鍵(かぎ) 열쇠, つつく 쪼다, 参(まい)る 지다, 沢山(たくさん) 많이, ついに 마침내, 生意気(なまいき)だ 건방지다, 小僧(こぞう) 애송이, 懲(こ)らしめる 응징하다, 鉄棒(てつぼう) 철봉, 쇠몽둥이, 振(ふ)り回(まわ)す 휘두르다, かしら 두목, 村人(むらびと) 마을사람, 降参(こうさん) 항복, 宝物(たからもの) 보물, 織物(おりもの) 직물, 荷車(にぐるま) 짐수레

【번역】 일본의 옛날이야기①

모모타로

옛날 옛적 어느 곳에 할아버지와 할머니가 살고 있었습니다. 할아버지는 산에 나무하러, 할머니는 냇가에 빨래하러 갔습니다. 그러자 냇가의 건너편에서 커다란 복숭아가 떠내려 왔습니다.

「무척이나 큰 복숭아네! 집에 가지고 가야 되겠다」 할머니는 등에 짊어지고 집으로 왔습니다. 복숭아를 자르려고 하자 복숭아에서 커다란 아가가 「응애」하면서 나왔습니다.

「어머나 놀래라」 두 사람은 엄청 놀랐지만, 아주 행복하였습니다.

「이름을 뭘로 지을까요?」

「복숭아에서 태어났으니까 모모타로(복숭아도령)라고 하면 어떨까?」

「그게 좋겠네」

모모타로는 금세 성장하여 훌륭하고 마음씨 착한 남자아이가 되었습니다. 어느 날의 일입니다. 모모타로는 두 사람에게 말하였습니다.

「도깨비 섬에 나쁜 도깨비가 살고 있다고 들었습니다」

「때때로 마을로 와서 나쁜 짓을 하기 때문에 모두 힘들어하고 있지」 할아버지가 말했습니다.

「그렇다면 제가 가서 퇴치하겠습니다. 어머니, 수수경단을 만들어 주세요」

할머니는 아주 맛있는 일본 최고의 수수경단을 만들었습니다. 모모타로는 허리춤의 보자기에 넣고 곧바로 도깨비 섬을 향하여 출발하였습니다.

도중에 모모타로는 개를 만났습니다.

「모모타로씨, 보자기 안에 뭐가 들어있어요?」

「일본 최고의 수수경단이지」

「나한테 하나 주면 같이 갈게요」

개는 모모타로한테서 경단을 하나 받고 부하가 되었습니다. 모모타로와 개가 걷고 있자니 원숭이가 다가왔습니다.

「모모타로씨, 보자기 안에 뭐가 들어있나요?」

「일본 최고의 수수경단이야」

「나한테 하나 주면 같이 갈게요」

원숭이는 모모타로한테서 경단을 하나 받고 부하가 되었습니다. 또다시 걷고 있자니 꿩이 날아왔습니다.

「모모타로씨, 보자기 안에 뭐가 들어있어?」

「일본 최고의 수수경단이란다」

「나한테 하나 주면 같이 갈게요」

꿩은 모모타로한테서 경단을 하나 받고 부하가 되었습니다. 한참을 가다보니 도깨비 섬이 보였습니다.

「저것이 도깨비 섬에 틀림없어」 개가 짖어댔습니다.

「성이 보인다」 원숭이가 외쳤습니다.

「날아가서 보고 올게요」 꿩이 지저귀었습니다.

도깨비 섬에 당도하자 성문 앞에 커다란 도깨비가 서있었습니다. 모모타로는 큰 돌을 집어 들어 도깨비를 향하여 던졌습니다. 원숭이는 문을 타고 올라가 빗장을 열었습니다. 꿩은 도깨비 눈을 쪼아댔습니다.

「이런, 못 당하겠군」 도깨비가 달아났습니다.

「도와줘!」 라고 외치자 성 안에서 많은 도깨비가 뛰어나왔습니다.

마침내 큼지막한 도깨비가 모습을 드러냈습니다.

「건방진 꼬맹이 같으니. 내가 혼내주겠어」 커다란 쇠몽둥이를 휘두르면서 외쳐댔습니다.

「당신이 대장인가?」 한 마디 하고서 모모타로는 재빨리 쇠몽둥이 위에 올라탔습니다.

「나쁜 도깨비 녀석, 마을사람들한테 나쁜 짓을 했으니 용서할 수 없어. 에잇!」

「아이고 아파, 미안, 미안. 한 번만 봐줘. 내가 졌어」

「정말인가?」

「정말이에요. 거짓말 아니에요. 보물을 다 줄게요」

모모타로는 성에 있던 금, 은, 옷감 등, 짐차 가득한 보물을 되찾았습니다.

아주 멋진 하루였습니다.

第2課　8地方区分

実際に日本の地域を区分する際は四つの大きな島よりも「地方」の形で区切られます。この「地方」は日本で正式に決まっている八つの地域のことで、日本はこの八つの地方に分かれています。

上から「北海道地方(ほっかいどうちほう)、東北地方(とうほくちほう)、関東地方(かんとうちほう)、中部地方(ちゅうぶちほう)、近畿地方(きんきちほう)、中国地方(ちゅうごくちほう)、四国地方(しこくちほう)、九州地方(きゅうしゅうちほう)」のようになっています。「関東(かんとう)」「関西(かんさい)」という言い方がありますが、これは東京を中心とする地方を「関東」と称するのに対して、京阪神地方(けいはんしんちほう)を「関西」と言う便宜的な言い方です。

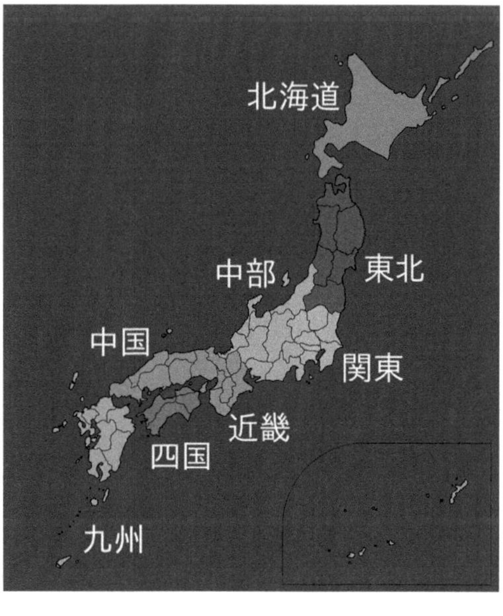

八つの地方は行政区域として、47の都道府県(とどうふけん)に分けられています。これを47都道府県と言いますが、1都1道2府43県(いっといちどうにふよんじゅうさんけん)と覚えるといいです。1都は東京都(とうきょうと)、1道は北海道(ほっかいどう)、2府は京都府(きょうとふ)と大阪府(おおさかふ)、その他の43の県です。最も大きいのは北海道で、一番小さいのは香川県(かがわけん)です。

八つの地方に属する都道府県は次のようになっています。

北海道地方（1道）

：北海道(ほっかいどう)

東北地方（6県）

：青森県(あおもりけん)　岩手県(いわてけん)　宮城県(みやぎけん)　秋田県(あきたけん)　山形県(やまがたけん)　福島県(ふくしまけん)

関東地方（1都6県）

：茨城県(いばらきけん)　栃木県(とちぎけん)　群馬県(ぐんまけん)　埼玉県(さいたまけん)　千葉県(ちばけん)　東京都(とうきょうと)　神奈川県(かながわけん)

中部地方（9県）

：新潟県(にいがたけん)　富山県(とやまけん)　石川県(いしかわけん)　福井県(ふくいけん)　山梨県(やまなしけん)　長野県(ながのけん)　岐阜県(ぎふけん)　静岡県(しずおかけん)　愛知県(あいちけん)

近畿地方（2府5県）

：三重県(みえけん)　滋賀県(しがけん)　京都府(きょうとふ)

大阪府(おおさかふ)　兵庫県(ひょうごけん)　奈良県(ならけん)

和歌山県(わかやまけん)

中国地方（5県）

：鳥取県(とっとりけん)　島根県(しまねけん)　岡山県(おかやまけん)

広島県(ひろしまけん)　山口県(やまぐちけん)

四国地方（4県）

：徳島県(とくしまけん)　香川県(かがわけん)　愛媛県(えひめけん)

高知県(こうちけん)

九州地方（8県）

：福岡県(ふくおかけん)　佐賀県(さがけん)　長崎県(ながさきけん)

熊本県(くまもとけん)　大分県(おおいたけん)　宮崎県(みやざきけん)

鹿児島県(かごしまけん)　沖縄県(おきなわけん)

語句

区切る（くぎる）： 구분하다. 일단락을 짓다.
北海道地方（ほっかいどうちほう）：홋카이도지방
東北地方（とうほくちほう）：도호쿠지방
関東地方（かんとうちほう）：간토지방
中部地方（ちゅうぶちほう）：츄부지방
近畿地方（きんきちほう）：긴키지방
中国地方（ちゅうごくちほう）：츄고쿠지방
四国地方（しこくちほう）：시코쿠지방
九州地方（きゅうしゅうちほう）：규슈지방
関東（かんとう）：간토. 관동.
関西（かんさい）：간사이. 관서.
京阪神地方（けいはんしんちほう）： 게이한신지방. 京都（きょうと），大阪（おおさか），神戸（こうべ）지방을 합쳐서 부르는 말.
行政区域（ぎょうせいくいき）：행정구역
都道府県（とどうふけん）：도도부현, 일본의 광역자치단체를 합쳐서 이르는 말.

해석

제2과 8지방구분

실제로 일본의 지역을 구분할 때는 네 개의 큰 섬보다도 「지방」의 형태로 구분됩니다. 이 「지방」은 일본에서 정식으로 정해져 있는 여덟 개의 지역을 말하는데, 일본은 이 여덟 개의 지방으로 나뉘어져 있습니다. 위에서부터 「홋카이도지방, 도호쿠지방, 간토지방, 츄부지방, 긴키지방, 츄고쿠지방, 시코쿠지방, 규슈지방」과 같이 되어 있습니다. 「관동」 「관서」라는 표현이 있습니다만, 이것은 도쿄를 중심으로 한 지방을 「관동」이라고 칭하는 데에 대하여, 게이한신지방을 「관서」라고 하는 편의적인 표현입니다.

여덟 개의 지방은 행정구역으로서 47개의 도도부현으로 구분되어 있습니다. 이것을 47도도부현이라고 하는데, 1도1도2부43현이라고 기억하면 좋습니다. 1도는 도쿄도, 1도는 홋카이도, 2부는 교토부와 오사카부, 그 밖의 43개의 현입니다. 가장 큰 것은 홋카이도이고, 가장 작은 것은 가가와현입니다.

여덟 개의 지방에 속하는 도도부현은 다음과 같이 되어 있습니다.

홋카이도지방 (1도)
: 홋카이도

도호쿠지방 (6현)
: 아오모리현, 이와테현, 미야기현, 아키타현, 야마가타현, 후쿠시마현

간토지방 (1도6현)
: 이바라키현, 도치기현, 군마현, 사이타마현, 치바현, 도쿄도, 가나가와현

츄부지방 (9현)
: 니가타현, 도야마현, 이시카와현, 후쿠이현, 야마나시현, 나가노현
기후현, 시즈오카현, 아이치현

긴키지방 (2부5현)
: 미에현, 시가현, 교토부, 오사카부, 효고현, 나라현, 와카야마현

츄고쿠지방 (5현)
: 돗토리현, 시마네현, 오카야마현, 히로시마현, 야마구치현

시코쿠지방 (4현)
: 도쿠시마현, 가가와현, 에히메현, 고치현

규슈지방 (8현)
: 후쿠오카현, 사가현, 나가사키현, 구마모토현, 오이타현, 미야자키현,
가고시마현, 오키나와현

노트 発声練習

정확한 발음을 익히고 전달하기 위하여 일본의 연극부나 아나운서부 등에서 자주 쓰는 정해진 문구이다. 의미도 중요하지만 정확한 소리에 집중해서 연습해 보자.

滑舌練習 (かつぜつれんしゅう)

あめんぼ	あかいな	あいうえお	(소금쟁이 빨갛구나 아이우에오)
かきのき	くりのき	かきくけこ	(감나무 밤나무 카키쿠케코)
ささげに	すをかけ	さしすせそ	(강두콩에 식초 뿌려 사시스세소)
たちましょ	らっぱで	たちつてと	(일어서자 나팔로 타치츠테토)
なめくじ	のろのろ	なにぬねの	(민달팽이 꿈틀꿈틀 나니누네노)
はとぽっぽ	ほろほろ	はひふへほ	(비둘기 꾸룩꾸룩 하히후헤호)
まいまい	ねじまき	まみむめも	(물맴이 나사 감아 마미무메모)
やきぐり	ゆでぐり	やいゆえよ	(군밤 삶은 밤 야이유에요)
らいちょう	さむかろ	らりるれろ	(뇌조 춥겠구나 라리루레로)
わいわい	わっしょい	わいうえを	(왁자지껄 이영차 와이우에오)

単語

滑舌(かつぜつ) 활설, 발성, 발음, あめんぼ(水黽) 소금쟁이, ささげ(大角豆) 강두, らっぱ(喇叭) 나팔, なめくじ(蛞蝓) 민달팽이, のろのろ 꾸물꾸물, はとぽっぽ(鳩ぽっぽ) 비둘기, ほろほろ 꾸룩꾸룩, まいまい 물맴이, 달팽이, ねじ(螺子) 나사, らいちょう(雷鳥) 뇌조, わいわい 왁자지껄, わっしょい 이영차

第3課　北海道地方

日本の一番北は北海道地方です。この北海道地方に属する都道府県は北海道(ほっかいどう)しかありません。昔は「蝦夷地(えぞち)」と呼ばれ、先住民(せんじゅうみん)のアイヌ族が多く暮らしていました。明治時代以降、本州からの移住民が増え、農地や鉱山(こうざん)の開発が進みました。

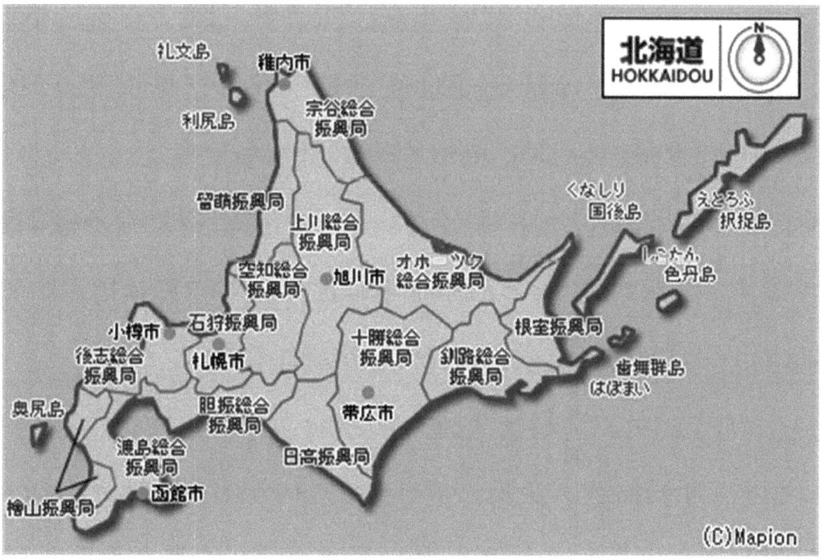

＜北海道地方＞

1. 北海道

都道府県で最も面積の広い北海道は、広大な土地を利用した農業や酪農が盛んで「日本の食糧基地」と言われています。人口は532万人で、道庁所在地は札幌市(さっぽろし)です。道の花はハマナスです。

広い牧場で乳牛(にゅうぎゅう)を放牧する酪農が発達しました。牛乳や乳製品の原料である日本の生乳の5割以上が北海道産です。豊かな漁場に囲まれている北海道は水産業も盛んで、漁獲量は全国1位です。

北海道は広大な農地を利用して、生産量日本一の農作物が多いです。例えば、じゃがいもは全国の約8割を生産しています。また、小麦、小豆(あずき)、かぼちゃ、にんじんなどの生産量も全国1位です。夕張市(ゆうばりし)が生産に力を入れている「夕張メロン」は、高級メロンとして有名です。

知床半島(しれとこはんとう)にはヒグマ、アザラシなどのような多様な動物が住んでいます。知床半島とその沿岸地域は世界自然遺産に指定されています。冬はオホーツク海から流氷(りゅうひょう)が流れ着きます。

人物としてはウィリアム・スミス・クラークが有名です。よくクラーク博士(はかせ)と呼ばれています。明治時代、政府に招かれてアメリカから来日した農学者で、札幌農学校(現在の北海道大学)の教頭(きょうとう)として体系的な農業教育に力を注ぎました。

語句

蝦夷地 (えぞち) : 에조치. 메이지시대 이전에 홋카이도 이북을 지칭하는 용어로 사용되었다. 지금은 특별한 경우가 아니면 일반적으로 사용하지 않는 표현이니 역사적인 경우 이외에는 사용하지 않는 것이 좋다.

先住民 (せんじゅうみん) : 선주민. 현재 살고 있는 주된 사람들보다 일찍부터 살고 있는 사람. 원주민과는 다른 용어이다.

アイヌ族 (アイヌぞく) : 아이누(Ainu)족. 아이누어로 「사람」이라는 뜻으로 주로 홋카이도에 살고 있는 선주민이다.

農作物 (のうさくぶつ) : 농작물. 「のうさくもつ」라고도 읽는다. 단, 「作物(작물)」이라고 할 때는 「さくもつ」라고만 읽는다. 「作物」을 「さくぶつ」라고 읽으면 그림이나 조각 등의 「작품」이라는 뜻이 된다.

明治時代 (めいじじだい) : 메이지시대(1868-1912)

札幌市 (さっぽろし) : 삿포로시. 맥주와 라면 등이 유명하다.

ハマナス (浜茄子) : 해당화

夕張市 (ゆうばりし) : 유바리시. 「유바리멜론」이 유명하다.

知床半島 (しれとこはんとう) : 시레토코반도

札幌農学校 (さっぽろのうがっこう) : 삿포로농업학교. 홋카이도대학의 전신.

教頭 (きょうとう) : 교감

注ぐ (そそぐ) : 흘러들다. 정신을 쏟다. 「注ぐ」는 일반적으로 「そそぐ」라고 읽는데, 특히 정신을 집중할 경우에는 「注意をそそぐ(주의를 집중하다)」「心血をそそぐ(심혈을 기울이다)」처럼 「そそぐ」라고 읽는다. 같은 한자로 표기하지만 「술을 따르다」의 경우는 「酒を注ぐ(つぐ)」라고 읽는다.

해석

제3과 홋카이도지방

일본의 가장 북쪽은 홋카이도지방입니다. 이 홋카이도지방에 속한 도도부현은 홋카이도 밖에 없습니다. 옛날에는 「에조치」라고 불렀으며, 선주민인 아이누족이 많이 살고 있었습니다. 메이지시대 이후에 혼슈로부터의 이주민이 늘어나면서 농지와 광산 개발이 진행되었습니다.

1. 홋카이도

도도부현에서 가장 면적이 넓은 홋카이도는 광대한 토지를 이용한 농업과 낙농업이 활발하여 「일본의 식량기지」라 일컬어지고 있습니다. 인구는 532만 명이며, 도청소재지는 삿포로시입니다. 도의 꽃은 해당화입니다.

넓은 목장에서 젖소를 방목하는 낙농업이 발달하였습니다. 우유와 유제품의 원료인 일본 생유의 5할 이상이 홋카이도산입니다. 풍부한 어장으로 둘러싸인 홋카이도는 수산업도 활발하여 어획량이 전국 1위입니다.

홋카이도는 광대한 농지를 이용하여 생산량이 일본에서 1위인 농작물이 많습니다. 예를 들면, 감자는 전국의 약 8할을 생산하고 있습니다. 또한, 밀, 팥, 호박, 당근 등의 생산량도 전국 1위입니다. 유바리시가 생산에 힘을 쏟고 있는 「유바리멜론」은 고급 멜론으로 유명합니다.

시레토코반도에는 불곰, 바다표범 등과 같은 다양한 동물이 살고 있습니다. 시레토코반도와 그 연안지역은 세계자연유산에 지정되어 있습니다. 겨울에는 오호츠크해에서 유빙이 흘러들어옵니다.

인물로는 윌리엄 스미스 클라크가 유명합니다. 흔히 클라크박사라고 불리고 있습니다. 메이지시대, 정부의 초대를 받고 미국에서 일본으로 온 농학자인데, 삿포로농업학교 (현재의 홋카이도대학)의 교감으로서 체계적인 농업교육에 힘을 쏟았습니다.

노트 形容詞

자신의 일본어 실력을 가늠해 볼 수 있는 지표를 몇 가지 선별하여 싣도록 한다. 먼저, 일본어능력시험 3급의 형용사에는 다음과 같은 수준의 형용사가 있다. 한자가 앞에 있는 것은 한자까지 알고 있는 것이 좋고, 한자가 괄호 안에 있는 것은 참고하라는 뜻이다.

일본어능력시험 3급 수준의 イ형용사 30

暖かい	あたたかい	따뜻하다	図々しい	ずうずうしい	뻔뻔스럽다
怪しい	あやしい	수상하다	鋭い	するどい	날카롭다
有り難い	ありがたい	감사하다	そそっかしい		덜렁덜렁하다
勇ましい	いさましい	용감하다	頼もしい	たのもしい	믿음직하다
薄暗い	うすぐらい	어두컴컴하다	とんでもない		터무니없다
うらやましい	(羨ましい)	부럽다	激しい	はげしい	세차다
幼い	おさない	어리다	貧しい	まずしい	가난하다
恐ろしい	おそろしい	두렵다	まぶしい	(眩しい)	눈부시다
重たい	おもたい	묵직하다	みにくい	(醜い)	추하다
賢い	かしこい	현명하다	むしあつい	(蒸し暑い)	무덥다
かゆい	(痒い)	가렵다	やかましい	(喧しい)	시끄럽다
可愛らしい	かわいらしい	귀엽다	緩い	ゆるい	느슨하다
くだらない	(下らない)	시시하다	若々しい	わかわかしい	젊디젊다
険しい	けわしい	험하다	面倒くさい	めんどうくさい	아주 귀찮다
塩辛い	しおからい	짜다	もったいない		아깝다

일본어능력시험 3급 수준의 ナ형용사 30

安易だ	あんいだ	안이하다	平凡だ	へいぼんだ	평범하다
いい加減だ	いいかげんだ	대충이다	真っ赤だ	まっかだ	새빨갛다
意地悪だ	いじわるだ	심술궂다	真っ暗だ	まっくらだ	깜깜하다
空っぽだ	からっぽだ	텅 비다	真っ黒だ	まっくろだ	새까맣다
感心だ	かんしんだ	기특하다	真っ青だ	まっさおだ	새파랗다
急だ	きゅうだ	급하다	真っ白だ	まっしろだ	새하얗다
けちだ		인색하다	満足だ	まんぞくだ	만족하다
下品だ	げひんだ	품위가 없다	夢中だ	むちゅうだ	몰두하다
好調だ	こうちょうだ	순조롭다	明確だ	めいかくだ	명확하다
上品だ	じょうひんだ	고상하다	明白だ	めいはくだ	명백하다
素敵だ	すてきだ	멋지다	迷惑だ	めいわくだ	성가시다
素直だ	すなおだ	순수하다	面倒だ	めんどうだ	귀찮다
得意だ	とくいだ	잘하다	楽だ	らくだ	편안하다
なだらかだ		완만하다	利口だ	りこうだ	똑똑하다
平気だ	へいきだ	태연하다	冷静だ	れいせいだ	냉정하다

第4課　東北地方

東北地方には青森県(あおもりけん)、岩手県(いわてけん)、宮城県(みやぎけん)、秋田県(あきたけん)、山形県(やまがたけん)、福島県(ふくしまけん)の6つの県があります。

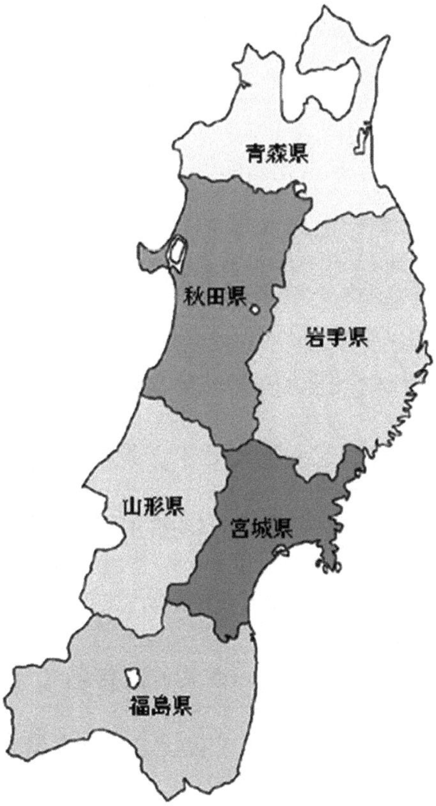

<東北地方>

1. 青森県

津軽(つがる)海峡を挟んで、北海道と向き合う本州の最北端です。県庁所在地は青森市（あおもりし）で、県の人口は約130万人です。青森市は北海道への窓口として発展しました。1988年に青函(せいかん)トンネルが開通してからは鉄道で北海道と結ばれています。

青森県でまず浮かぶのはリンゴです。リンゴの生産量が全国1位で、全国リンゴの生産量の約半分が青森県産です。県の花もリンゴの花です。祭りとしては「ねぶた祭り」が有名です。ねぶた祭りは、「東北3大祭り」の一つで、毎年８月初旬に行われます。

2. 岩手県

北海道に次いで、面積が全国2位の大きな県です。県庁所在地は盛岡市（もりおかし）で、県の人口は125万人です。県の花はキリです。中尊寺(ちゅうそんじ)にある中尊寺金色堂（ちゅうそんじこんじきどう）は国宝に指定されています。このお寺は「黄金の国、日本」の話の基になっている所です。

自然景観として三陸海岸（さんりくかいがん）が有名です。入り組んだ海岸線が特徴のリアス式海岸です。入(い)り江(え)では、水揚げ量が全国1位のワカメや、全国2位のウニなどが豊富にとれます。

3. 宮城県

東北地方で人口が最も多い県です。県庁所在地は仙台市(せんだいし)、県の人口は232万人です。仙台市は、東北地方の中心都市です。

「ひとめぼれ」「ササニシキ」などのブランド米は、県の農業生産額のほぼ半分を占めています。「七夕祭(たなばたまつり)」は毎年8月初旬に仙台市で行われる「東北3大祭り」の一つです。町中が色とりどりの吹き流しで飾られます。

松島湾(まつしまわん)一帯の名勝地「松島(まつしま)」は日本三景の一つです。

4. 秋田県

県庁所在地は秋田市(あきたし)で、県の人口は99万人です。米作りが盛んな東北地方の中でも、生産量ナンバーワンです。特にブランド米「あきたこまち」が有名です。炊(た)きたてのご飯を利用した「切りたんぽ」は秋田地方の郷土料理です。

長い竹竿(たけざお)に提灯(ちょうちん)を下げて練り歩く「竿灯祭(かんとうまつり)」は「東北3大祭り」の一つで、毎年8月初旬に行われます。冬は、雪で作る「かまくら」の行事があります。また、鬼の面をつけた「なまはげ」が各所の家を回る大晦日(おおみそか)の行事があって、なまはげが訪れた家には「福が来る」と言われています。

5. 山形県

県庁所在地は山形市(やまがたし)で、県の人口は110万人です。山形市周辺の山形盆地を中心に栽培されているさくらんぼは、全国の生産量の7割以上を占めています。さくらんぼと共に西洋梨(せいようなし)の生産量も日本で最も多いです。県を象徴する鳥はオシドリです。

6. 福島県

面積が北海道、岩手県に次いで全国で3番目に大きな県です。県庁所在地は福島市(ふくしまし)、県の人口は190万人です。県を象徴する木はケヤキです。福島市は、東京から約270キロメートル離れていて、東北新幹線で約90分の位置にあります。東北新幹線は東京駅から新青森駅を結ぶ高速鉄道です。

語句

津軽海峡（つがるかいきょう）：쓰가루해협. 혼슈와 홋카이도 사이에 있는 해협.

青函トンネル（せいかんトンネル）：쓰가루해협을 횡단하는 해저철도터널. 전장이 53.85킬로미터로 세계에서 가장 긴 해저터널이다.

ねぶた祭り（ねぶたまつり）：네부타축제. 도호쿠지방에서 행해지는 축제인데 특히 아오모리시의 축제가 유명하다.

中尊寺金色堂（ちゅうそんじこんじきどう）：츄손지곤지키도. 츄손지라는 절에 있는 불당 이름. 일본을 「황금의 나라」라고 불리게 한 원인을 제공한 절로 알려져 있다.

三陸海岸（さんりくかいがん）：산리쿠해안

入り組む（いりくむ）：복잡하게 얽히다

入り江（いりえ）：후미. 바다가 뭍으로 파고 휘어들어간 곳. ↔ みさき(岬) 갑. 곶.

七夕祭（たなばたまつり）：다나바타축제

吹き流し（ふきながし）：깃발. 좁고 긴 천을 장대 끝에 매달아 바람에 나부끼게 하는 것.

日本三景（にほんさんけい）：일본3대명승지. 미야기현의 「마쓰시마」, 교토부의 「아마노하시다테」, 히로시마현의 「미야지마」를 일본3대명승지라고 한다.

竹竿（たけざお）：대나무 장대

下げる（さげる）：낮추다. 드리우다. 매달다.

練り歩く（ねりあるく）：줄지어 천천히 행진하다

竿灯祭（かんとうまつり）：간토축제. 정식명칭은 「秋田竿灯まつり(あきたかんとうまつり)」.

かまくら：가마쿠라. 눈집. 얼음집.

なまはげ：나마하게. 도깨비 탈을 쓰고 하는 행사 이름.

大晦日（おおみそか）：선달그믐날

해석

제4과 도호쿠지방

도후쿠지방에는 아오모리현, 이와테현, 미야기현, 아키타현, 야마가타현, 후쿠시마현이라는 6개의 현이 있습니다.

1. 아오모리현

쓰가루해협을 끼고 홋카이도와 마주 보는 혼슈의 최북단입니다. 현청소재지는 아오모리시이며, 현의 인구는 약 130만 명입니다. 아오모리시는 홋카이도로 가는 창구로 발달하였습니다. 1988년에 세이칸터널이 개통된 후로는 철도로 홋카이도와 연결되어 있습니다.

아오모리현에서 먼저 떠오르는 것은 사과입니다. 사과의 생산량이 전국 1위인데, 전국 사과 생산량의 약 절반이 아오모리현산입니다. 현의 꽃도 사과 꽃입니다. 축제로는 「네부타축제」가 유명합니다. 네부타축제는 「도호쿠3대축제」의 하나로, 매년 8월 초순에 실시됩니다.

2. 이와테현

홋카이도에 이어서 면적이 전국 2위인 커다란 현입니다. 현청소재지는 모리오카시이며, 현의 인구는 125만 명입니다. 현의 꽃은 오동나무 꽃입니다. 츄손지에 있는 츄손지곤지키도는 국보로 지정되어 있습니다. 이 절은 「황금의 나라 일본」이라는 이야기의 근원이 되어 있는 곳입니다.

자연경관으로 산리쿠해안이 유명합니다. 복잡한 해안선이 특징인 리아스식 해안입니다. 후미에서는 어획량이 전국 1위인 미역과 전국 2위인 성게 등이 많이 잡힙니다.

3. 미야기현

도호쿠지방에서 인구가 가장 많은 현입니다. 현청소재지는 센다이시, 현의 인구는

232만 명입니다. 센다이시는 도호쿠지방의 중심도시입니다.

「히토메보레」「사사니시키」 등의 브랜드 쌀은 현의 농업생산액의 거의 절반을 차지하고 있습니다. 「다나바타축제」는 매년 8월 초순에 센다이시에서 실시되는 도호쿠3대축제의 하나입니다. 온 도시가 각양각색의 축제 깃발로 장식됩니다.

마쓰시마만 일대의 명승지 「마쓰시마」는 일본3대명승지의 하나입니다.

4. 아키타현

현청소재지는 아키타시이며, 현의 인구는 99만 명입니다. 쌀 재배가 왕성한 도호쿠지방에서도 생산량 넘버원입니다. 특히 브랜드 쌀인 「아키타고마치」가 유명합니다. 갓지은 밥을 이용한 「기리탄포」는 아키타지방의 향토요리입니다.

긴 대나무 장대에 등롱을 매달아 거리를 행진하는 「간토축제」는 도호쿠3대축제의 하나로 매년 8월 초순에 거행됩니다. 겨울에는 눈으로 만드는 얼음집 「가마쿠라」 행사가 있습니다. 또한, 도깨비 탈을 쓴 「나마하게」가 각 지역의 집을 돌아다니는 섣달그믐날의 행사가 있는데, 나마하게가 찾아온 집에는 「복이 온다」고 전해지고 있습니다.

5. 야마가타현

현청소재지는 야마가타시. 현의 인구는 110만 명입니다. 야마가타시 주변의 야마가타분지를 중심으로 재배되고 있는 체리는 전국 생산량의 7할 이상을 차지하고 있습니다. 체리와 함께 서양배의 생산량도 전국에서 가장 많습니다. 현을 상징하는 새는 원앙새입니다.

6. 후쿠시마현

면적이 홋카이도, 이와테현에 이어 전국에서 3번째로 큰 현입니다. 현청소재지는 후쿠시마시, 현의 인구는 190만 명입니다. 현을 상징하는 나무는 느티나무입니다. 후쿠시마시는 도쿄에서 약 270킬로미터 떨어져 있는데, 도호쿠신칸센으로 약 90분의 위치에 있습니다. 도호쿠신칸센은 도쿄역에서 신아오모리역을 연결하는 고속철도입니다.

노트 なぞなぞ①

日本のなぞなぞ 1

(1) 座れば 高くなり、立てば 低くなる ものは 何だ。

(2) 白い 着物を 着て、真っ赤な 顔をして、涙 流しているものは 何？

(3) 大きくなればなるほど 小さくなる ものって 何だろう。

(4) 大きくなればなるほど 着物を 脱ぐものは 何？

(5) 目で 見ないで 口で 見るものが あるんだけど。

(6) 昼間 小さく、夜 大きくなる ものって 分かるかな。

(7) 上から 読んでも 下から 読んでも 同じ 名前の お店 なあに？

(8) さかだちすると かるくなる 海の いきものって なあに？

(9) よごれた からだから 出る 色は なにいろかな？

(10) 足で のぼって おしりで おりる ものって なあに？

일본의 수수께끼 1 (해석)

(1) 앉으면 높아지고 서면 낮아지는 것이 뭐~게?

(2) 하얀 옷을 입고 새빨간 얼굴을 하고서 눈물을 흘리고 있는 것은 뭔데?

(3) 크면 클수록 작아지는 것이 뭘까?

(4) 크면 클수록 옷을 벗는 것은 뭐지?

(5) 눈으로 보지 않고 입으로 보는 것이 있는데?

(6) 낮에는 작고 밤에 커지는 것이 뭘까요?

(7) 위로부터 읽어도 아래로부터 읽어도 같은 이름의 가게가 뭐~게?

(8) 물구나무를 서면 가벼워지는 바다의 생물은 무엇일까요?

(9) 더러워진 몸에서 나오는 색깔은 무슨 색깔이지?

(10) 발로 올라가서 엉덩이로 내려오는 것이 뭐~게?

정답

(1) 天井(てんじょう)(천장) / (2) ろうそく(촛불) / (3) 服(ふく)(옷) / (4) たけのこ(죽순) / (5) 味(あじ)(맛) / (6) ふとん(이불) / (7) やおや(야채가게) / (8) いるか(돌고래 : 뒤에서 읽으면 「かるい(가볍다)」) / (9) あか(빨강 : 「あか」는 「때」라는 뜻도 있다) / (10) すべりだい(미끄럼틀)

상식더하기

うまみ

「うまみ」は、味の名前で、五基本味(ごきほんあじ)の一つである。「うまい」から来た言葉で、「うま味、旨み、旨味」とも書く。「うまみ」は人間が舌で感じられる甘味(あまみ)、酸味(さんみ)、塩味(しおみ)、苦味(にがみ)以外の第五の味覚と言われる。従来の四基本味(よんきほんあじ)に加えて、これらを五基本味(ごきほんあじ)と言う。日本の学者によって発見されたので英語でも「umami」と表記する。しいて韓国語に訳すなら「カムチルマッ」に当たるだろう。

우마미 (해석)

「우마미」는 맛의 이름으로 다섯 가지 기본 맛의 하나이다. 「うまい(맛있다)」에서 온 말로, 「うま味、旨み、旨味」라고도 쓴다. 「우마미」는 인간이 혀로 느낄 수 있는 단맛, 신맛, 짠맛, 쓴맛 이외의 다섯 번째의 미각이라고 한다. 종래의 4대기본미각에 더하여, 이들을 5대기본미각이라고 한다. 일본의 학자에 의해 발견되었기 때문에 영어로도 「umami」라고 표기한다. 굳이 한국어로 번역한다면 「감칠맛」에 해당할 것으로 보인다.

第5課　関東地方

神奈川県（かながわけん）、東京都（とうきょうと）、千葉県（ちばけん）、茨城県（いばらきけん）は海に面していますが、埼玉県（さいたまけん）、群馬県（ぐんまけん）、栃木県（とちぎけん）には海がありません。関東地方は、日本で一番広い関東平野と、その周辺の山地からできています。首都の東京都を中心に交通が発達し、大都市や工業地帯が広がるため「首都圏」とも呼ばれ、政治・経済の中心地になっています。ただし、首都圏という区分には中部地方の山梨県（やまなしけん）も含まれます。

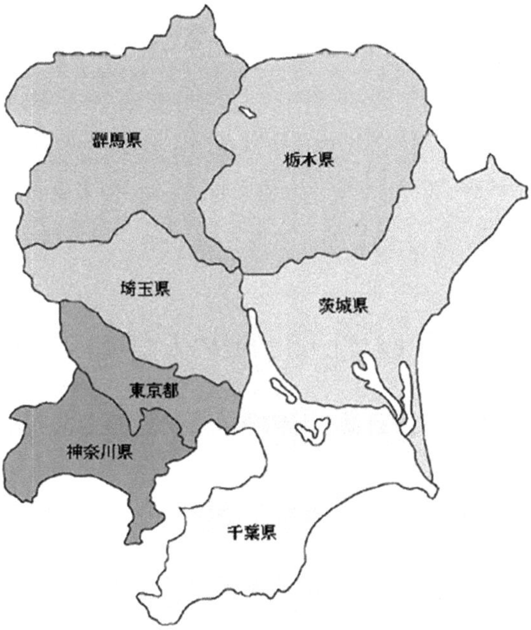

＜関東地方＞

1. 栃木県

面積は関東地方で最も広いです。県庁所在地は宇都宮市(うつのみやし)で、県の人口は196万人です。「とちおとめ」に代表されるいちごの生産量は日本で1位です。寒暖差の大きい内陸性の気候が、甘いいちごを作ります。

大昔に、男体山の噴火によってできた湖「中禅寺湖」は広さ4㎢以上の自然の湖としては日本一高い場所にあり、周囲は25kmです。徳川家康(とくがわいえやす)を祀った日光東照宮は世界文化遺産に指定されています。「見ざる・言わざる・聞かざる」の三猿の彫刻が有名です。現在の足利市周辺を治めていた鎌倉時代の武士、足利尊氏は鎌倉幕府(かまくらばくふ)を倒す戦いで活躍し、室町幕府(むろまちばくふ)の初代将軍となりました。

2. 群馬県

県庁所在地は前橋市(まえばしし)、県の人口は196万人です。県北部の山地から流れ出る利根川は日本で流域面積が最も広い川です。草津温泉など、山間部には温泉が多いです。

選挙や合格祈願でおなじみのだるまは、全国の約8割が高崎市で生産され、「高崎だるま」と呼ばれています。江戸時代から養蚕業が盛んで、絹織物産業などが発達しました。養蚕業は女性の仕事だったため、「かかあ天下(でんか)」と呼ばれる、女性が家計の実権を握る風潮が広まりました。

3. 埼玉県

県庁所在地はさいたま市、県の人口は732万人です。東京都と合わせて、昔は「武蔵国(むさしのくに)」を形づくっていました。現在も昼間は東京で働き、埼玉県に家を持って生活している人が多く住んでいる東京のベッドタウンとして、都市化が進んでいます。伝統的な工芸品では、生産量が日本一である鯉(こい)のぼりが有名です。

4. 茨城県

県庁所在地は水戸市(みとし)、県の人口は289万人です。江戸時代から大豆栽培が盛んで、納豆の生産量が日本一です。「水戸納豆」のブランドで全国に出荷されています。れんこん、メロン、チンゲン菜などの野菜も生産量が日本で1位です。

茨城県には「日本三名園(にほんさんめいえん)」の一つである偕楽園(かいらくえん)があります。霞ヶ浦(かすみがうら)は、琵琶湖(びわこ)に次いで、全国で2番目に大きい湖です。ワカサギやシラウオなどの漁業が盛んです。人物としてはドラマ「水戸黄門(みとこうもん)」のモデルになった徳川光圀(とくがわみつくに)が有名です。

5. 千葉県

県庁所在地は千葉市(ちばし)、県の人口は626万人です。太平洋に面している房総(ぼうそう)半島には、約66㎞もの長い砂浜海岸が続き、夏には海水浴客やサーフィンをする人たちで賑わう九十九里浜(くじゅうくりはま)があります。成田市(なりたし)には成田国際空港があり、日本と世界の国々をつなぐ空の玄関として知られています。

6. 東京都

日本の全人口の約1割が集まる首都です。東京は、ニューヨーク、ロンドンと並ぶ世界3大都市と言われています。都庁所在地は新宿区(しんじゅくく)で、都の人口は1379万人です。新宿区、千代田区(ちよだく)などの「23区」と、その他の「都下(とか)」に分けられます。単に「東京」という場合は、23区のみを指すことが多いです。国会議事堂や中央省庁(しょうちょう)、国内外の大企業や銀行の本社などは千代田区に集まっています。通称の「羽田(はねだ)空港」で知られる「東京国際空港」も東京にあります。

東京の発展は、江戸幕府(えどばくふ)が置かれた江戸時代に始まります。中央区にある日本橋(にほんばし)は、当時も今も日本全国の道路の起点です。握り寿司である江戸前寿司(えどまえずし)は、もとは東京湾、つまり「江戸の前」でとれた魚介類や海苔を使った江戸の郷土料理でした。

7. 神奈川県

県庁所在地は横浜市(よこはまし)、県の人口は917万人です。京浜工業地帯の中心地で、東京都に次いで人口が多い県です。

相模湾に面して砂浜海岸が続く湘南地域は、江の島をはじめとする観光地が江戸時代から人々に親しまれています。昔、源頼朝が幕府を開いた鎌倉には、現在も鎌倉大仏や鶴岡八幡宮など、鎌倉時代からの社寺が数多く残っています。

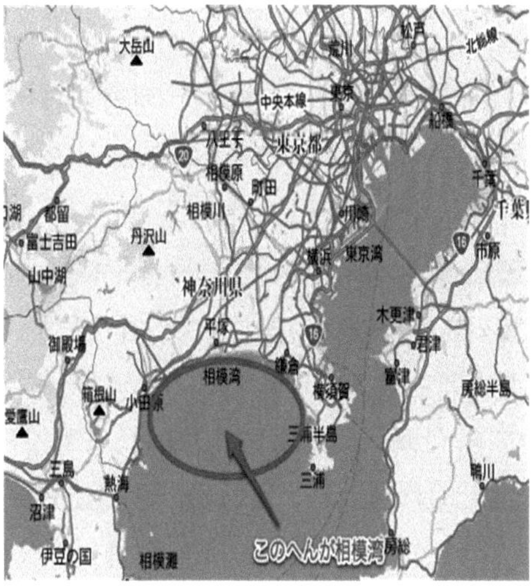

古くから温泉地として開けた箱根温泉は現在も関東を代表する観光地です。横浜市の中華街には、中国風の街並みが広がっています。

語句

寒暖差（かんだんさ）：한란차. 추위와 따뜻함의 차이.
男体山（なんたいさん）：난타이산. 도치기현에 있는 해발 2486미터의 산. 닛코후지라고도 불린다.
中禅寺湖（ちゅうぜんじこ）：츄젠지코. 난타이산의 남쪽 기슭에 있는 호수.
日光東照宮（にっこうとうしょうぐう）：닛코도쇼구. 단순히 「도쇼구」라고도 한다.
三猿（さんえん）：삼원. 세 마리 원숭이. 세 가지의 형상을 한 원숭이 조각.
足利尊氏（あしかがたかうじ）：아시카가 다카우지. 무로마치막부를 연 초대 쇼군.
利根川（とねがわ）：도네강. 간토평야를 가로지르는 큰 강. 길이 322킬로미터.
草津温泉（くさつおんせん）：구사쓰온천
かかあ天下（かかあでんか）：부인천하. 아내의 힘이 강해서 남편이 힘을 못 쓰는 집안. 여인천하.
さいたま市（さいたまし）：사이타마시. 「사이타마」를 현의 경우에는 「埼玉県」으로 한자표기하고, 시의 경우에는 「さいたま市」로 히라가나표기하게 되어 있다.
武蔵国（むさしのくに）：무사시국. 옛날의 행정구역명.
鯉のぼり（こいのぼり）：고이노보리. 잉어 깃발. 어린이날의 장식물.
チンゲン菜（ちんげんさい）：청경채(青梗菜)
日本三名園（にほんさんめいえん）：일본3대정원. 가나자와에 있는 겐로쿠엔, 오카야마에 있는 고라쿠엔, 미토에 있는 가이라쿠엔을 일본3대정원이라고 한다.
偕楽園（かいらくえん）：가이라쿠엔. 미토시에 있는 공원. 매화의 명소이다.
霞ヶ浦（かすみがうら）：가스미가우라. 이바라키현에 있는 호수.
九十九里浜（くじゅうくりはま）：구주구리하마. 긴 해변의 해수욕장.
都下（とか）：도하. 도쿄도의 관할지역.
京浜（けいひん）：게이힌. 「東京(도쿄)」와 「横浜(요코하마)」를 붙여서 이르는 말. 일본어는 말을 축약하면 음이 바뀌는 경우가 많다.

해석

제5과 간토지방

가나가와현, 도쿄도, 치바현, 이바라키현은 바다와 면하고 있습니다만, 사이타마현, 군마현, 도치기현에는 바다가 없습니다. 간토지방은 일본에서 가장 넓은 간토평야와 그 주변의 산지로 되어 있습니다. 수도인 도쿄도를 중심으로 교통이 발달하여 대도시와 공업지대가 펼쳐지기 때문에 「수도권」이라고도 불리며, 정치·경제의 중심지가 되어 있습니다. 단, 수도권이라는 구분에는 츄부지방의 야마나시현도 포함됩니다.

1. 도치기현

면적은 간토지방에서 가장 넓습니다. 현청소재지는 우쓰노미야시이며, 현의 인구는 196만 명입니다. 「도치오토메」로 대표되는 딸기의 생산량이 일본에서 1위입니다. 한란차가 큰 내륙성 기후가 달콤한 딸기를 만듭니다.

아주 옛날에, 난타이산의 분화에 의해 생긴 호수 「쥬젠지코」는 넓이 4㎢ 이상의 자연 호수로서는 일본에서 가장 높은 곳에 있으며, 둘레는 25km입니다. 도쿠가와 이에야스를 모신 닛코도쇼구는 세계문화유산에 지정되어 있습니다. 「보지 않고, 말하지 않고, 듣지 않는」 세 원숭이의 조각이 유명합니다. 현재의 아시카가시 주변을 통치하고 있었던 가마쿠라시대의 무사, 아시카가 다카우지는 가마쿠라막부를 쓰러뜨리는 전쟁에서 활약하여 무로마치막부의 초대 쇼군이 되었습니다.

2. 군마현

현청소재지는 마에바시시, 현의 인구는 196만 명입니다. 현 북부의 산지에서 흘러나오는 도네강은 일본에서 유역 면적이 가장 넓은 강입니다. 구사쓰온천 등, 산간부에는 온천이 많습니다.

선거나 합격 기원으로 친숙한 오뚜기는 전국의 약 8할이 다카사키시에서 생산되어 「다카사키다루마」라고 불리고 있습니다. 에도시대부터 양잠업이 왕성하여 견직물 산업 등이 발달하였습니다. 양잠업은 여성이 하는 일이었기 때문에, 「부인천하」라고 불리는, 여성이 가계의 실권을 쥐는 풍조가 형성되었습니다.

3. 사이타마현

현청소재지는 사이타마시, 현의 인구는 732만 명입니다. 도쿄도와 더불어 옛날에는 「무사시국」을 형성하고 있었습니다. 현재도 낮에는 도쿄에서 일하고, 사이타마현에 집을 갖고 생활하고 있는 사람이 많이 살고 있는 도쿄의 베드타운으로서 도시화가 진행되고 있습니다. 전통적인 공예품으로는 생산량이 일본 제일인 잉어 깃발이 유명합니다.

4. 이바라키현

현청소재지는 미토시, 현의 인구는 289만 명입니다. 에도시대부터 대두 재배가 왕성하여 낫토의 생산량이 일본 제일입니다. 「미토낫토」라는 브랜드로 전국에 출하되고 있습니다. 연근, 멜론, 청경채 등의 야채도 생산량이 일본에서 1위입니다.

이바라키현에는 「일본3대정원」의 하나인 가이라쿠엔이 있습니다. 가스미가우라는 비와코에 이어 전국에서 두 번째로 큰 호수입니다. 빙어, 뱅어 등의 어업이 왕성합니다. 인물로는 드라마 「미토고몬」의 모델이 된 도쿠가와 미쓰쿠니가 유명합니다.

5. 치바현

현청소재지는 치바시, 현의 인구는 626만 명입니다. 태평양에 면하고 있는 보소반도에는 약 66킬로미터나 되는 긴 모래톱 해안이 이어져, 여름에는 해수욕객과 서핑을 하는 사람들로 북적이는 구주구리하마가 있습니다. 나리타시에는 나리타국제공항이 있는데, 일본과 세계의 각 나라를 연결하는 하늘의 현관으로 알려져 있습니다.

6. 도쿄도

일본 전인구의 약 1할이 모인 수도입니다. 도쿄는 뉴욕, 런던과 더불어 세계3대도시로 알려져 있습니다. 도청소재지는 신주쿠구이며, 도의 인구는 1379만 명입니다. 신주쿠구, 치요다구 등의 「23구」와, 그 밖의 「도하」로 나뉩니다. 단순하게 「도쿄」라고 할 때는 23구만을 가리키는 경우가 많습니다. 국회의사당이나 중앙부처, 국내외의 대기업과 은행의 본점 등은 치요다구에 모여 있습니다. 통칭인 「하네다공항」으로 알려진 「도쿄국제공항」도 도쿄에 있습니다.

도쿄의 발전은, 에도막부가 놓인 에도시대에 시작됩니다. 추오구에 있는 니혼바시교는 당시나 지금이나 일본 전국 도로의 기점입니다. 생선초밥인 에도마에즈시는, 원래는 도쿄만, 즉 「에도의 앞」에서 잡힌 어패류와 김 등을 사용한 에도의 향토요리였습니다.

7. 가나가와현

현청소재지는 요코하마시, 현의 인구는 917만 명입니다. 게이힌공업지대의 중심지로, 도쿄도에 이어 인구가 많은 현입니다.

사가미만에 면하여 모래톱 해안이 이어지는 쇼난지역은 에노시마를 비롯한 관광지가 에도시대부터 사람들에게 친숙한 곳입니다. 옛날에, 미나모토노 요리토모가 막부를 연 가마쿠라에는 현재도 가마쿠라대불과 쓰루오카하치만구 등, 가마쿠라시대로부터의 절과 신사가 많이 남아있습니다.

옛날부터 온천지로 발전한 하코네온천은 현재도 간토를 대표하는 관광지입니다. 요코하마시의 차이나타운에는 중국식의 거리가 펼쳐져 있습니다.

노트 能力試験①

日本語能力試験 問題例 N5

일본어능력시험의 수준을 가늠하기 위하여 가장 기초단계인 N5의 문제 예를 주관 부서인 일본 국제교류기금이 발표한 가이드북에서 발췌, 편집하여 싣는다.

(1) ＿＿＿＿＿の　ことばは　どう　よみますか。

< 新しい　くるまですね。>

1　あたらしい　2　あだらしい　3　あらたしい　4　あらだしい

(2) ＿＿＿＿＿の　ことばは　どう　かきますか。

< そとで　まちましょう。>

1　刈　2　朴　3　列　4　外

(3) (　　　　　)に　なにを　いれますか。

< あそこで　タクシーに　(　　　　　)。>

1　のりました　2　あがりました　3　つきました　4　はいりました

(4) ＿＿＿＿＿の　ぶんと　だいたい　おなじ　いみの　ぶんは　どれですか。

< わたしは　デパートに　つとめて　います。>

1　わたしは　デパートで　かいものを　して　います。

2　わたしは　デパートで　さんぽを　して　います。

3　わたしは　デパートで　しごとを　して　います。

4　わたしは　デパートで　やすんで　います。

(5) (　　　　　)に　何(なに)を　入(い)れますか。

< きのうは　うちに　(　　　　　)　何(なに)を　しましたか。>

1　かえる　2　かえるから　3　かえって　4　かえったり

(6) ＿＿★＿＿に　入(はい)る　ものは　どれですか。

< きのう、＿＿＿　＿＿＿　＿★＿　＿＿＿。>

1　買(か)いに　2　日本語(にほんご)の　3　行(い)きました　4　じしょを

(7) つぎの　ぶんを　読んで　しつもんに　こたえて　ください。

先生が　アンナさんに　手紙を　書きました。

アンナさん。今週は　しごとが　たくさん　あります。　土曜日と　日曜日も　いそがしいです。来週の　月曜日に　来て　ください。

< 先生は　いつ　時間が　ありますか。>

1　今週　　2　土曜日　　3　日曜日　　4　月曜日

(8) つぎの　ぶんを　読んで　しつもんに　こたえて　ください。

ヤンさんの　うちは　町の　中の　べんりな　ところに　あります。

となりに　パンやが　あります。前は　はなやで、はなやの　となりは　さかなやです。近くに　くすりやと　にくやも　あります。ゆうびんきょくと　びょういんも　あります。

今日の　ゆうがた、ヤンさんの　友だちが　あそびに　来ます。ヤンさんは　とりにくの　りょうりと　さかなの　りょうりを　作ります。れいぞうこの　中に　とりにくと　さかなが　ありませんから、ヤンさんは　これから　買いものに　でかけます。それから、ゆうびんきょくへ　行って、きってを　買います。

< つぎの　中で、ヤンさんの　うちから　いちばん　近い　店は　どれですか。>

1　にくや　　2　パンや　　3　くすりや　　4　さかなや

정답

(1) 1 (2) 4 (3) 1 (4) 3 (5) 3 (6) 1 (7) 4 (8) 2

상식더하기

名 言

我思う、故に我あり（われおもう、ゆえにわれあり）

나는 생각한다, 고로 나는 존재한다. <デカルト（데카르트）>

人間は考える葦である（にんげんはかんがえるあしである）

인간은 생각하는 갈대다. <パスカル（파스칼）>

(인간은 갈대에 비유될 만큼 연약한 존재이지만, 생각을 할 수 있는 특성을 가진 존재라 하여 생각의 위대함을 역설한 것)

無知は知なり（むちはちなり） = 無知の知（むちのち : 무지의 힘）

무지는 힘이다. <ソクラテス（소크라테스）>

(자신의 무지를 자각하는 것이 인간이 가질 수 있는 최고의 힘이라는 소크라테스의 기본적 가르침)

少年よ大志を抱け （しょうねんよたいしをいだけ）

소년이여 대망을 품으라. <クラーク（클라크）>

天才は1パーセントのひらめきと99パーセントの汗である

（てんさいはいちパーセントのひらめきと99パーセントのあせである）

천재는 1퍼센트의 영감과 99퍼센트의 땀이다. <エジソン（에디슨）>

第6課　中部地方

中部地方には、新潟県、富山県、石川県、福井県、山梨県、長野県、岐阜県、静岡県、愛知県の9県があります。中部地方は、北陸地方(新潟県、富山県、石川県、福井県)、東海地方(静岡県、愛知県)、間にはさまれた中央高地(山梨県、長野県、岐阜県)に分けて言う場合もあります。ただし、普通、東海地方と言うと岐阜県の一部と近畿地方の三重県も含まれます。高い山脈が連なっている中央高地は「日本の屋根」と呼ばれています。

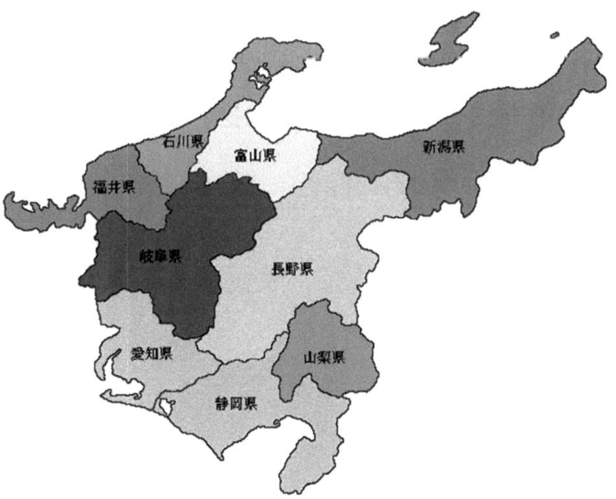

＜中部地方＞

1. 新潟県

北陸地方で最も面積の広い県で、佐渡島があります。県庁所在地は新潟市(にいがたし)、県の人口は226万人です。昔の「越後国」にあたりますが、昔の「上野(こうずけ)」である群馬県と合わせて「上越」とも呼ばれます。長野県から新潟県に流れる信濃川は日本で最も長い河川で約370㎞もあります。

新潟県は北海道と並ぶ日本有数の稲作の県で、ブランド米である「こしひかり」を中心とする米の一大生産地です。稲を植えている面積および生産量が全国で一番です。

2. 富山県

県庁所在地は富山市(とやまし)、県の人口は106万人です。1963年に完成した、高さ日本一のダムである「黒部ダム」は7年間で延べ1000万人が建設に関わった「世紀の大工事」として、映画にもなりました。

3. 石川県

県庁所在地は金沢市(かなざわし)で、県の人口は115万人です。北陸4県の中で漁業が最も盛んな石川県は、海に突き出た腕のような形の能登半島が特徴です。金沢市にある庭園、「兼六園(けんろくえん)」は日本三大名園の一つに数えられています。

4. 福井県

県庁所在地は福井市(ふくいし)、県の人口は78万人です。県の形が細くくびれている県中央部を境にして、北の「嶺北(れいほく)」地域と南の「嶺南(れいなん)」地域に分けられます。景勝地である東尋坊(とうじんぼう)は高さ約25メートルの切り立った海食崖(かいしょくがい)で、柱のように割れた岩が多く見られます。海食崖は波で削られた険しい崖(がけ)のことで、柱のように割れた岩は柱状節理(ちゅうじょうせつり)と言います。

5. 山梨県

県庁所在地は甲府市(こうふし)で、県の人口は82万人です。関東地方とともに「首都圏」に含まれます。南には富士山がそびえています。富士山の山梨県側には、噴火で川がせき止められてできた湖が5つあって、これを「富士五湖(ふじごこ)」と言います。釣りやキャンプをする人々で賑わっています。

甲府市周辺の甲府盆地は水はけのよい扇状地(せんじょうち)で、果樹栽培に適しています。桃やぶどうの生産量は山梨県が全国1位です。「巨峰(きょほう)」もここで改良されたぶどうの品種の一つです。ワインづくりも盛んに行っています。

6. 長野県

長野県は日本アルプスが南北に連なる「日本の屋根」の中心です。日本アルプスはヨーロッパのアルプスに匹敵するとの意味で、イギリス人が命名しました。北アルプス、中央アルプス、南アルプスに分けられています。

県庁所在地は長野市(ながのし)で、県の人口は207万人です。長野市では、1998年に冬季オリンピックが開催されました。信州(しんしゅう)みそは全国のみその生産と消費の約4割を占める長野県産のみそです。「信州」は、長野県の昔の国名である「信濃国(しなののくに)」の別の呼び方です。

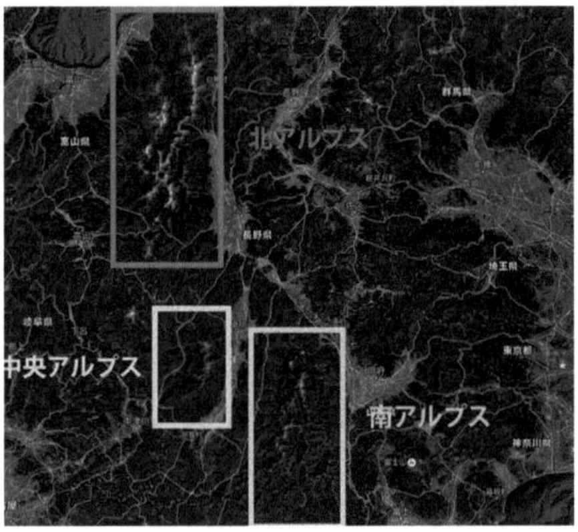

7. 岐阜県

県庁所在地は岐阜市(ぎふし)、県の人口は201万人です。岐阜県の北部と南部では気候も文化も大きく違い、昔は北の「飛騨国(ひだのくに)」と南の「美濃国(みののくに)」の二つの国に分かれていました。政治・経済の中心は南部の美濃(みの)地方です。愛知県とつながる南西部は、「名古屋大都市圏」に含まれます。長良川(ながらがわ)は、飼い慣らした鵜(う)でアユをとる伝統的な漁である「鵜飼(うか)い」が有名です。屋根が急勾配(きゅうこうばい)である合掌造(がっしょうづく)りの民家が数多く残る白川郷(しらかわごう)という所は世界文化遺産に登録されています。下呂温泉(げろおんせん)も有名です。

現在の愛知県にあたる尾張国(おわりのくに)出身の戦国武将、織田信長(おだのぶなが)は美濃国を征服して中心の町を「岐阜」と名づけ、ここを拠点に天下統一を進めました。東海道(とうかいどう)新幹線や名神(めいしん)高速道路が通る県南部は、古代から東西交通の要所でした。そのため1600年には、関(せき)が原(はら)で「天下分け目の戦い」であった関が原の戦いが起こりました。

8. 静岡県

県庁所在地は静岡市(しずおかし)、県の人口は366万人です。高くそびえる富士山と長い海岸線、太平洋に突き出た伊豆(いず)半島が特徴の静岡県は、日本一のお茶の産地です。全国のお茶生産量の約4割を生産しています。山梨県との境にそびえている富士山は日本で一番高い山で、世界文化遺産に登録されています。浜名湖(はまなこ)ではウナギの養殖が盛んです。

9. 愛知県

県庁所在地の名古屋市(なごやし)を中心に広がる「名古屋大都市圏」は、東京、京阪神(けいはんしん)と並ぶ3大都市圏の一つです。県の人口は753万人です。名古屋市は、東京23区、神奈川県横浜市、大阪府大阪市に次いで人口が多い、日本第4の大都市です。愛知県東部にあたる三河国(みかわのくに)出身の戦国武将、徳川家康(とくがわいえやす)は豊臣秀吉(とよとみひでよし)の後を引き継いで全国統一を進め、今の東京都に江戸幕府(えどばくふ)を開きました。

愛知県は自動車と航空機などの機械工業が発達し、都道府県別の工業出荷額は全国1位を誇ります。トヨタ自動車とともに発展した豊田市(とよたし)は、世界有数の自動車産業の町で、市名は企業名に由来します。全国から集めた明治時代の建物などを展示する野外博物館、明治村(めいじむら)には文明開化の時代そのままの風景が広がっています。

食文化に特色があり、「八丁(はっちょう)みそ」や「きしめん」が名物として知られています。昔から焼物が盛んで、愛知県の「瀬戸焼(せとやき)」は陶磁器一般を表す「せともの」の語源になっています。名古屋市市内の熱田(あつた)神宮には天皇家の宝物を象徴する「三種の神器(じんぎ)」の一つである「草薙剣(くさなぎのつるぎ)」が祀られています。

語句

北陸地方 (ほくりくちほう) : 호쿠리쿠지방
東海地方 (とうかいちほう) : 도카이지방
中央高知 (ちゅうおうこうち) : 중앙고지
佐渡島 (さどがしま) : 사도가시마섬
上越 (じょうえつ) : 죠에쓰. 군마현과 니가타현을 함께 부르는 말.
能登半島 (のとはんとう) : 노토반도
兼六園 (けんろくえん) : 겐로쿠엔. 일본3대정원의 하나.
東尋坊 (とうじんぼう) : 도진보. 후쿠이현 바닷가의 명승지.
海食崖 (かいしょくがい) : 해식애
柱状節理 (ちゅうじょうせつり) : 주상절리
富士五湖 (ふじごこ) : 후지5호. 후지산 산록에 있는 다섯 개의 호수.
扇状地 (せんじょうち) : 선상지. 부채꼴의 지형.
巨峰 (きょほう) : 거봉. 후지산 산록에서 개발되어 붙여진 포도의 한 품종.
日本アルプス (にほんアルプス) : 일본알프스. 유럽의 알프스만큼 아름답다하여 영국인이 명명한 것. 북알프스, 중앙알프스, 남알프스로 나누어서 말하기도 한다.
急勾配 (きゅうこうばい) : 급경사
合掌造り (がっしょうづくり) : 뾰족한 지붕 양식
名神高速道路 (めいしんこうそくどうろ) : 메이신고속도로. 아이치현 나고야시(名古屋市)와 효고현 고베시(神戸市)를 연결하는 일본 최초의 고속도로. 190킬로미터.
関が原の闘い (せきがはらのたたかい) : 세키가하라 합전. 1600년에 벌어진 일본 최대의 내전. 여기에서 이긴 도쿠가와 이에야스가 에도막부를 연다.
京阪神 (けいはんしん) : 게이한신. 교토, 오사카, 고베를 함께 부르는 용어.
明治村 (めいじむら) : 메이지무라. 메이지시대의 모습을 재현한 민속촌.
八丁みそ (はっちょうみそ) : 핫쵸된장. 아이치현 오카자키시에서 산출되기 시작한 된장.
三種の神器 (さんしゅのじんぎ) : 3종의 신기. 황위의 표지로 여겨지는 세 가지의 보물. 거울, 검, 구슬을 말한다.

해석

제6과 츄부지방

츄부지방에는 니가타현, 도야마현, 이시카와현, 후쿠이현, 야마나시현, 나가노현, 기후현, 시즈오카현, 아이치현의 아홉 개 현이 있습니다. 츄부지방은, 호쿠리쿠지방(니가타현, 도야마현, 이시카와현, 후쿠이현), 도카이지방(시즈오카현, 아이치현), 그 사이에 끼어 있는 중앙고지(야마나시현, 나가노현, 기후현)로 나누어서 말하는 경우도 있습니다. 단, 보통, 도카이지방이라고 하면 기후현의 일부와 긴키지방의 미에현도 포함됩니다. 높은 산맥이 연이어 있는 중앙고지는 「일본의 지붕」이라고 불리고 있습니다.

1. 니가타현

호쿠리쿠지방에서 가장 면적이 넓은 현으로, 사도가시마섬이 있습니다. 현청소재지는 니가타시, 현의 인구는 226만 명입니다. 옛날의 「에치고국」에 해당하는데, 옛날의 「고즈케」에 해당하는 군마현과 합쳐서 「죠에쓰」라고도 불립니다. 나가노현에서 니가타현으로 흐르는 시나노가와강은 일본에서 가장 긴 하천으로 약 370km나 됩니다.

니가타현은 홋카이도와 더불어 일본 유수의 벼농사 현으로 브랜드 쌀인 「고시히카리」를 중심으로 한 쌀의 일대 생산지입니다. 벼를 심는 면적 및 생산량은 전국에서 최고입니다.

2. 도야마현

현청소재지는 도야마시, 현의 인구는 106만 명입니다. 1963년에 완성된, 높이가 일본에서 가장 높은 댐인 「구로베댐」은 7년 동안 연인원 1000만 명이 건설에 관여한 「세기의 대공사」로, 영화화도 되었습니다.

3. 이시카와현

현청소재지는 가나자와시이며, 현의 인구는 115만명입니다. 호쿠리쿠 4현 중에서 어업이 가장 왕성한 이시카와현은 바다로 튀어나온 팔처럼 생긴 노토반도가 특징입니다. 가나자와시에 있는 정원, 「겐로쿠엔」은 일본3대정원의 하나로 손꼽힙니다.

4. 후쿠이현

현청소재지는 후쿠이시, 현의 인구는 78만 명입니다. 현의 형태가 가늘고 잘록한 현 중앙부를 경계로 하여 북쪽의 「영북」지역과 남쪽의 「영남」지역으로 나뉩니다. 명승지인 도진보는 높이 약 25미터의 깎아지른 해식애인데, 기둥과 같이 쪼개진 바위를 많이 볼 수 있습니다. 해식애는 파도로 깎인 험준한 절벽을 말하고, 기둥처럼 쪼개진 바위는 주상절리라고 합니다.

5. 야마나시현

현청소재지는 고후시이고, 현의 인구는 82만 명입니다. 간토지방과 더불어 「수도권」에 포함됩니다. 남쪽에는 후지산이 솟아 있습니다. 후지산의 야마나시현 쪽에는 분화로 강이 막혀서 생긴 호수가 다섯 개 있는데, 이것을 「후지5호」라고 합니다. 낚시나 캠프를 하는 사람들로 붐빕니다.

고후시 주변의 고후분지는 물이 잘 빠지는 선상지여서 과수 재배에 적합합니다. 복숭아와 포도의 생산량은 야마나시현이 전국 1위입니다. 「거봉」도 여기에서 개량된 포도 품종의 하나입니다. 와인 생산도 활발하게 하고 있습니다.

6. 나가노현

나가노현은 일본알프스가 남북으로 연이어 있는 「일본의 지붕」의 중심입니다. 일본알프스는 유럽의 알프스에 필적한다는 뜻으로 영국인이 명명하였습니다. 북알프스, 중앙알프스, 남알프스로 구분되어 있습니다.

현청소재지는 나가노시이며, 현의 인구는 207만 명입니다. 나가노시에서는 1998년에 동계올림픽이 개최되었습니다. 신슈된장은 전국 된장의 생산과 소비의 약 4할을 점하는 나가노현산 된장입니다. 「신슈」는 나가노현의 옛날 국명인 「시나노국」의 또다른 명칭입니다.

7. 기후현

현청소재지는 기후시, 현의 인구는 201만 명입니다. 기후현의 북부와 남부는 기후와 문화가 모두 크게 차이가 나는데, 옛날에는 북쪽의 「히다국」과 남쪽의 「미노국」이라는 두 개의 지역으로 나뉘어 있었습니다. 정치와 경제의 중심은 남부의 미노지방입니다. 아이치현과 이어지는 남서부는 「나고야대도시권」에 포함됩니다. 나가라가와강은 길들여진 가마우지로 은어 잡이를 하는 전통적인 고기잡이 「우카이」가 유명합니다. 지붕이 급경사인 뾰

족한 지붕의 민가가 많이 남아 있는 시라카와고라는 곳은 세계문화유산에 등록되어 있습니다. 게로온천도 유명합니다.

현재의 아이치현에 해당하는 오와리국 출신의 전국 무장, 오다 노부나가는 미노국을 정복하여 중심의 도시를 「기후」라고 명명하고, 여기를 거점으로 전국통일을 추진하였습니다. 도카이도신칸센과 메이신고속도로가 지나가는 현 남부는 고대로부터 동서 교통의 요소였습니다. 그래서 1600년에는 세키가하라에서 「천하를 나누는 전투」였던 세키가하라 합전이 발발하였습니다.

8. 시즈오카현

현청소재지는 시즈오카시, 현의 인구는 366만 명입니다. 높게 솟은 후지산과 긴 해안선, 태평양으로 튀어 나온 이즈반도가 특징인 시즈오카현은, 일본 제일의 차 산지입니다. 전국 차 생산량의 약 4할을 생산하고 있습니다. 야마나시현과의 경계에 솟아 있는 후지산은 일본에서 제일 높은 산으로 세계문화유산에 등록되어 있습니다. 하마나코 호수에서는 장어 양식이 활발합니다.

9. 아이치현

현청소재지인 나고야시를 중심으로 펼쳐지는 「나고야대도시권」은 도쿄, 게이한신과 어깨를 나란히 하는 3대도시권의 하나입니다. 현의 인구는 753만 명입니다. 나고야시는 도쿄 23구, 가나가와현 요코하마시, 오사카부 오사카시에 이어서 인구가 많은 일본 제4의 대도시입니다. 아이치현 동부에 해당하는 미카와국 출신의 전국 무장인 도쿠가와 이에야스는 도요토미 히데요시의 뒤를 이어 전국 통일을 추진하여 지금의 도쿄도에 에도막부를 열었습니다.

아이치현은 자동차와 항공기 등의 기계공업이 발달하여, 도도부현별 공업 출하액은 전국 1위를 자랑합니다. 도요타자동차와 함께 발전한 도요타시는 세계 유수의 자동차산업도시로 시의 이름은 기업명에서 유래합니다. 전국에서 모은 메이지시대의 건물 등을 전시하는 야외박물관, 메이지무라에는 문명개화 시대 그대로의 풍경이 펼쳐져 있습니다.

식문화에 특징이 있는데, 「핫쵸된장」과 「기시멘」이 명물로 알려져 있습니다. 예부터 도자기 굽기가 왕성하여 아이치현의 「세토야키」는 도자기 일반을 나타내는 「세토모노」의 어원이 되어 있습니다. 나고야시 시내의 아쓰다신궁에는 천황가의 보물을 상징하는 「3종의 신기」 중의 하나인 「구사나기의 검」이 모셔져 있습니다.

노트 熟語①

「体」に関わる表現

<頭>

頭が切れる（あたまがきれる）：두뇌가 명석하다
頭が下がる（あたまがさがる）：머리가 수그러지다. 감복하다.
頭が低い（あたまがひくい）：겸손하다. 저자세이다.
頭に来る（あたまにくる）：약이 오르다. 화가 나다.
頭を抱える（あたまをかかえる）：머리를 싸쥐다. 고민하다.
頭を擡げる（あたまをもたげる）：머리를 쳐들다. 대두하다.

<足>

足が出る（あしがでる）：적자가 나다
足が棒になる（あしがぼうになる）：다리가 뻣뻣해지다
足を洗う（あしをあらう）：발을 빼다. 손을 씻다.
足を入れる（あしをいれる）：발을 들여놓다
足を引っ張る（あしをひっぱる）：방해하다. 발목을 잡다.

<手>

手が離せない（てがはなせない）：손을 놓을 수 없다
手に汗を握る（てにあせをにぎる）：손에 땀을 쥐다
手に入れる（てにいれる）：입수하다. 손에 넣다.
手に負えない（ておえない）：힘에 부치다. 힘에 겹다.
手にする（てにする）：손에 쥐다. 차지하다.
手に付かない（てにつかない）：손에 잡히지 않다
手を貸す（てをかす）：도와주다. 조력하다.
手を借りる（てをかりる）：도움을 받다

＜口＞

口がうまい（くちがうまい）：말솜씨가 좋다
口が重い（くちがおもい）：입이 무겁다. 과묵하다.
口が堅い（くちがかたい）：입이 무겁다. 비밀을 잘 지키다.
口が酸っぱくなる（くちがすっぱくなる）：입이 닳다
口が悪い（くちがわるい）：입이 걸다. 남을 헐뜯는 버릇이 있다.
口をつぐむ（くちをつぐむ）：입을 다물고 말을 하지 않다
口を濡らす（くちをぬらす）：입에 풀칠하다

＜耳＞

耳が痛い（みみがいたい）：귀가 따갑다
耳に逆らう（みみにさからう）：귀에 거슬리다
耳にたこが出来る（みみにたこができる）：귀에 못이 박이다
耳を傾ける（みみをかたむける）：귀를 기울이다
耳を揃える（みみをそろえる）：돈을 전부 준비하다

＜目＞

目が利く（めがきく）：분별력이 있다. 눈이 높다.
目がくらむ（めがくらむ）：눈이 뒤집히다
目が高い（めがたかい）：안목이 높다
目が点になる（めがてんになる）：너무 놀란 표정이 되다
目がない（めがない）：안목이 없다. 사족을 못 쓰다.
目もくれない（めもくれない）：거들떠보지도 않다

第7課　近畿地方

近畿地方は三重県、滋賀県、京都府、大阪府、兵庫県、奈良県、和歌山県の７つに分かれています。京都と大阪は「県」ではなく「府」だから、「2府5県」で成り立っています。滋賀県は真ん中に琵琶湖(びわこ)があります。古代に平城京(へいじょうきょう)（奈良県）や平安京(へいあんきょう)（京都府）などの都が置かれた近畿地方は、古くから日本の政治・経済・文化の中心地でした。首都圏の次に人口が集まる「京阪神(けいはんしん)大都市圏」が広がっています。

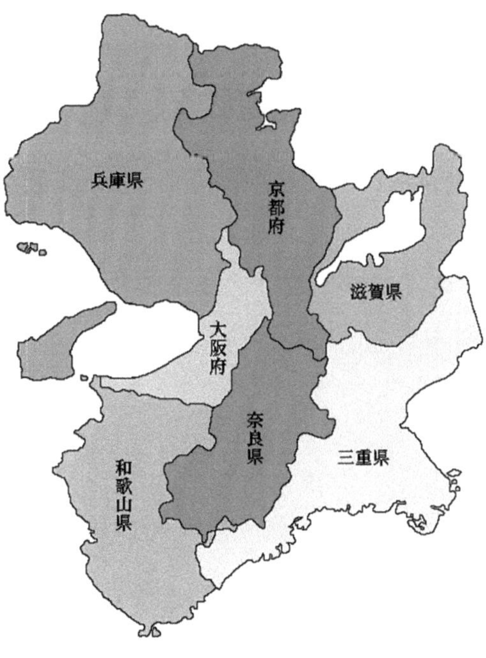

＜近畿地方＞

1. 三重県

昔は「伊勢国」と呼ばれました。伊勢神宮のある県です。伊勢神宮は、江戸時代には「お伊勢参り」に訪れる参拝客で賑わいました。県庁所在地は津市(つし)、県の人口は180万人です。松阪牛は松阪市のブランド牛として有名です。

2. 滋賀県

県庁所在地は大津市(おおつし)、県の人口は141万人です。面積の6分の1を琵琶湖が占めています。琵琶湖は日本最大の湖で、東京23区よりも大きいです。隣の京阪神地域に水を供給する「近畿の水がめ」と呼ばれています。フナは琵琶湖の特産品です。琵琶湖は「急がば回れ」という諺の語源になっている湖です。

3. 京都府

府庁所在地は京都市(きょうとし)、府の人口は259万人です。約千年間、日本の都(みやこ)だった京都市は「日本文化のふるさと」と言われ、世界文化遺産に登録された国際観光都市でもあります。京都市街のルーツは、794年に都として造営された平安京(へいあんきょう)にあります。現在も市街の通りは碁盤(ごばん)の目(め)のような形状(けいじょう)で、古代の都の面影(おもかげ)を残しています。市街造りの模範になったのが中国の洛陽(らくよう)であったので、今も「京都に行くこと」を「上洛(じょうらく)」と言うことがあります。

清水寺(きよみずでら)、金閣寺(きんかくじ)、銀閣寺(ぎんかくじ)、平等院(びょうどういん)などが有名です。丹後(たんご)半島のつけ根にある、長さ3㎞にわたって松林が続く天橋立(あまのはしだて)は古くから有名な景勝地で、「日本三景」の一つです。日本の昔話「浦島太郎(うらしまたろう)」にまつわる神社も丹後半島にあります。

和風建築のルーツである「書院造(しょいんづくり)」をはじめ、茶(ちゃ)の湯(ゆ)、生(い)け花(ばな)、能(のう)といった、現在、「日本文化」としてイメージされている多くの文化が、室町時代(むろまちじだい)の京都で生まれました。

4. 兵庫県

県庁所在地は神戸市(こうべし)、県の人口は549万人です。神戸市は日本を代表する国際貿易都市です。

瀬戸内海(せとないかい)と大阪湾をつなぐ明石(あかし)海峡は神戸市と淡路島(あわじしま)の間に位置し、全長約4㎞の明石海峡大橋がかけられています。明石海峡大橋は世界最長のつり橋です。淡路島は、瀬戸内

海最大の島です。

姫路城(上図)は安土桃山時代に建てられた国宝の城で、日本の城を代表する世界文化遺産です。白鷺のように白く、美しい城とのことで「白鷺城」という別名を持っています。兵庫県は甲子園球場でも有名です。

5. 大阪府

府庁所在地は大阪市(おおさかし)、府の人口は882万人です。大阪府の面積は、47都道府県の中で香川県(かがわけん)に次いで2番目に小さいですが、人口は東京都、神奈川県に次いで3番目に多いです。日本第3の都市・大阪市は、古くから「天下の台所」として栄えた商業の都で、今も「京阪神大都市圏」の中心です。大阪市は実際は日本第3の都市ですが、伝統的に東京の次に大きい都市との認識もあります。現在の愛知県にあたる尾張国出身の戦国武将、豊臣秀吉は低い身分から出世し、大阪城を築いて、現在の大阪市の基礎を造りました。

「食いだおれの町」と呼ばれる大阪市には、お好み焼き、たこ焼き、ホルモン焼き、串カツ、てっちり(フグ鍋)など、庶民的な名物料理がたくさんあります。商業の中心地として、江戸時代に全国から米や産物が集まったため天下の台所とも呼ばれた大阪市には、現在も繊維や薬品、電気器具、玩具などの問屋街がたくさんあります。

6. 奈良県

ヤマト政権が誕生し、飛鳥(あすか)文化が花開き、平城京(へいじょうきょう)が栄えた奈良県は、古代日本の中心地でした。県庁所在地は奈良市(ならし)、県の人口は135万人です。平城京があった奈良市には、東大寺(とうだいじ)や春日大社(かすがたいしゃ)などの平城京ゆかりの寺社(じしゃ)が残っています。奈良市の社寺(しゃじ)や世界最古の木造建築である法隆寺(ほうりゅうじ)などが世界文化遺産に登録されています。飛鳥時代に天皇を助けて政治を行った聖徳太子(しょうとくたいし)は十七条憲法の制定や遣隋使(けんずいし)の派遣、法隆寺(ほうりゅうじ)の建立(こんりゅう)などの実績で有名です。柿(かき)の生産量は、和歌山県に次ぐ全国2位です。俳句「柿くへば鐘が鳴るなり法隆寺」(正岡子規)は有名です。

7. 和歌山県

県庁所在地は和歌山市(わかやまし)、県の人口は94万人です。和歌山県には日本一の生産量を誇る果樹が多いです。みかん、はっさく、オレンジなどの柑橘類(かんきつるい)の生産量は、いずれも全国1位で、全国の約2割を生産する柿も日本一です。

語句

平城京（へいじょうきょう）：헤이죠쿄. 710년부터 784년까지의 일본 수도. 지금의 나라시.

平安京（へいあんきょう）：헤이안쿄. 794년부터 1868년까지의 일본 수도. 지금의 교토시.

京阪神大都市圏（けいはんしんだいとしけん）：게이한신대도시권. 교토, 오사카, 고베를 중심으로 한 대도시권.

松阪牛（まつさかぎゅう）：마쓰사카규. 미에현 마쓰사카시에서 사육된 소. 「まつさかうし」라고도 한다. 일본3대와규의 하나.

琵琶湖（びわこ）：비와코. 시가현 중앙부에 있는 일본에서 가장 큰 호수.

水がめ（みずがめ）：물 항아리. 물독.

急がば回れ（いそがばまわれ）：급할수록 돌아가라

碁盤の目（ごばんのめ）：바둑판의 눈

上洛（じょうらく）：교토로 감. 「수도로 올라가는 것」을 「상경하다」라고 하는 것처럼, 당시의 수도인 교토가 낙양을 닮은 데서 비롯된 말.

天橋立（あまのはしだて）：아마노하시다테. 교토부에 있는 일본3대절경 중의 하나.

浦島太郎（うらしまたろう）：우라시마 타로. 일본 옛날이야기의 하나.

書院造（しょいんづくり）：서원양식. 무로마치시대부터 시작된 일본의 전통 건축양식.

茶の湯（ちゃのゆ）：다도. 「茶道」는 「さどう」라고 읽는다.

瀬戸内海（せとないかい）：세토나이카이. 혼슈와 시코쿠, 규슈로 둘러싸인 내해. 3000여개의 크고 작은 섬들이 있고, 국립공원으로 지정되어 있다.

つり橋（つりばし）：현수교

安土桃山時代（あづちももやまじだい）：아즈치모모야마시대. 오다 노부나가, 도요토미 히데요시가 정권을 잡고 있었던 1568년부터 1598년까지의 시대.

食いだおれの町（くいだおれのまち）：먹방의 도시. 「食い倒れ」는 호사스러운 음식으로 재산을 탕진한다는 뜻인데, 오사카는 호사스러운 음식이 넘쳐나는 도시라는 뜻으로 「食い倒れの町」라고 한다. 「京の着倒れ、大阪の食い倒れ(きょうのきだおれ、おおさかのくいだおれ)」: 교토 사람은 옷치장으로 살림을 거덜 내고, 오사카 사람은 먹고 마셔서 살림을 거덜 낸다.

問屋街（とんやがい）：도매상거리

飛鳥文化（あすかぶんか）：아스카문화. 7세기경 불교문화가 왕성했던 문화.

해석

제7과 긴키지방

긴키지방은 미에현, 시가현, 교토부, 오사카부, 효고현, 나라현, 와카야마현의 7개로 나뉘어 있습니다. 교토와 오사카는 「현」이 아니라 「부」이니까 「2부5현」으로 되어 있습니다. 시가현은 한가운데에 비와코 호수가 있습니다. 고대에 헤이죠쿄(나라현)과 헤이안쿄(교토부) 등의 수도가 위치했던 긴키지방은 예부터 일본의 정치, 경제, 문화의 중심지였습니다. 수도권 다음으로 인구가 모인 「게이한신대도시권」이 펼쳐져 있습니다.

1. 미에현

옛날에는 「이세국」 이라고 불렸습니다. 이세신궁이 있는 현입니다. 이세신궁은 에도시대에는 「이세참배」를 하러 찾아오는 참배객으로 붐볐습니다. 현청소재지는 쓰시, 현의 인구는 180만 명입니다. 마쓰사카규는 마쓰사카시의 브랜드 와규로 유명합니다.

2. 시가현

현청소재지는 오쓰시, 현의 인구는 141만 명입니다. 면적의 6분의1을 비와코 호수가 차지하고 있습니다. 비와코는 일본 최대의 호수로, 도쿄 23구보다도 큽니다. 부근의 교토, 오사카, 고베지역에 물을 공급하는 「긴키의 물항아리」라고 불리고 있습니다. 붕어는 비와코의 특산품입니다. 비와코는 「급할수록 돌아가라」라는 속담의 어원이 되어 있는 호수입니다.

3. 교토부

부청소재지는 교토시, 부의 인구는 259만 명입니다. 약 천년간, 일본의 수도였던 교토시는 「일본문화의 고향」이라고 일컬어지며, 세계문화유산에 등록된 국제관광도시이기도 합니다. 교토 시가지의 루트는 794년에 수도로 조성된 헤이안쿄에 있습니다. 현재도 시가지의 거리는 바둑판같은 형상으로 고대 수도의 그림자를 남기고 있습니다. 시가지 조성의 표본이 되었던 것이 중국의 낙양이었기 때문에 지금도 「교토에 가는 것」을 「상락」이라고 하는 경우가 있습니다.

기요미즈데라, 금각사, 은각사, 뵤도인 등이 유명합니다. 단고반도의 밑동에 있는, 길이 3킬로미터에 걸친 소나무 숲이 이어지는 아마노하시다테는 옛날부터 유명한 명승지인데, 「일본3대명승지」의 하나입니다. 일본의 옛날이야기 「우리시마 타로」에 관련된 신사도 단고반도에 있습니다.

일본풍 건축의 루트인 「서원양식」을 비롯하여, 다도, 꽃꽂이, 노와 같은, 현재, 「일본문화」로 이미지되어 있는 많은 문화가, 무로마치시대의 교토에서 생겨났습니다.

4. 효고현

현청소재지는 고베시, 현의 인구는 549만 명입니다. 고베시는 일본을 대표하는 국제무역도시입니다.

세토나이카이와 오사카만을 연결하는 아카시해협은 고베시와 아와지시마섬 사이에 위치하는데, 총길이 약 4킬로미터의 아카시해협대교가 건설되어 있습니다. 아카시해협대교는 세계에서 가장 긴 현수교입니다. 아와지시마섬은 세토나이카이 최대의 섬입니다.

히메지성(위의 그림)은 아즈치모모야마시대에 건축된 국보인 성으로, 일본의 성을 대표하는 세계문화유산입니다. 백로와 같이 하얗고 아름다운 성이라 하여 「백로성」이라는 별명을 가지고 있습니다. 효고현은 고시엔구장으로도 유명합니다.

5. 오사카부

부청소재지는 오사카시, 부의 인구는 882만 명입니다. 오사카부의 면적은 47도도부현 중에서 가가와현에 이어 두 번째로 작습니다만, 인구는 도쿄도, 가나가와현에 이어 세 번째로 많습니다. 일본 제3의 도시, 오사카시는 옛날부터 「천하의 부엌」으로 번성한 상업의 도시로, 지금도 「게이한신대도시권」의 중심입니다. 오사카시는 실제로는 일본 제3의 도시인데, 전통적으로 도쿄 다음으로 큰 도시라는 인식도 있습니다. 현재의 아이치현에 해당하는 오와리국 출신의 전국 무장, 도요토미 히데요시는 낮은 신분에서 출세하여 오사카성을 축성하고, 현재 오사카시의 기초를 만들었습니다.

「먹방의 도시」로 불리는 오사카시에는 오코노미야키, 다코야키, 곱창구이, 구시까스, 복지리(복어요리) 등, 서민적인 명물요리가 많이 있습니다. 상업의 중심지로서 에도시대에 전국으로부터 쌀과 산물이 모였기 때문에 천하의 부엌이라고도 불린 오사카시에는 현재도 섬유와 약품, 전기기구, 완구 등의 도매상거리가 많이 있습니다.

6. 나라현

야마토정권이 탄생하고, 아스카문화가 꽃피었으며, 헤이죠쿄가 번성한 나라현은 고대일본의 중심지였습니다. 현청소재지는 나라시, 현의 인구는 135만 명입니다. 헤이죠쿄가 있었던 나라시에는 도다이지라든가 가스가타이샤와 같은 헤이죠쿄에 연고가 있는 절과 신사가 남아 있습니다. 나라시의 신사와 절, 세계에서 가장 오래된 목조건축인 법륭사 등이 세계문화유산에 등록되어 있습니다. 아스카시대에 천황을 도와 정치를 했던 쇼토쿠대자는 17조헌법의 제정과 견수사의 파견, 법륭사 건립 등의 실적으로 유명합니다. 감의 생산량이 와카야마현에 이어 전국 2위입니다. 하이쿠 「감을 먹노라니 범종이 울리는구나 법륭사에서」 (마사오카 시키)가 유명합니다.

7. 와카야마현

현청소재지는 와카야마시, 현의 인구는 94만 명입니다. 와카야마현에는 일본 제일의 생산량을 자랑하는 과수가 많습니다. 귤, 핫사쿠귤, 오렌지 등의 감귤류 생산량은 모두 전국 1위이며, 전국의 약 2할을 생산하는 감도 일본 제일입니다.

노트 クイズ

植物クイズ

문제. 다음 문장 안에 숨어 있는 식물 이름을 아는 대로 말하시오.

朝暗いうちに お母さんに 揺り起こされて
寝ぼけ目で お天気はと聞くと 素晴らしいよと 言ったので
眠気なんか 消し飛んでしまいました。
服のボタンを とめる時 今日は遠足なので
慌てて乱暴にとめたら とれてしまいました。

アサクライウチニ　オカアサンニ　ユリオコサレテ
ネボケメデ　オテンキハトキクト　スバラシイヨト　イッタノデ
ネムケナンカ　ケシトンデシマイマシタ。
フクノボタンヲ　トメルトキ　キョウハエンソクナノデ
アワテテランボウニトメタラ　トレテシマイマシタ。

정답

さくら(桜) : 벚꽃, 벚나무, ゆり(百合) : 백합, ぼけ(木瓜) : 명자나무, きく(菊) : 국화, ばら(薔薇) : 장미, ねむ(合歓) : 합환(목), 자귀나무(=ねむのき), けし(芥子) : 양귀비, ぼたん(牡丹) : 모란, ききょう(桔梗) : 도라지, らん(蘭) : 난초, タラ : 두릅나무

第8課　中国地方

中国地方は、北側に鳥取県と島根県、南側に岡山県と広島県が並んでおり、西側に山口県があります。「中国地方」という名称の由来ははっきりしていませんが、古代、皇居(こうきょ)が置かれた京都付近を基準に「近国(きんごく)」「中国(ちゅうごく)」「遠国(えんごく)」に区別したとき、この地方のほとんどが「中国」に相当したからだと言われています。

表記と発音共に同様の「中国（中華人民共和国）」と区別するため、他の日本の地域とは異なり「地方」を省略することは現在では少ないです。つまり、「中国地方」は「中国に行ってきた」と言うと誤解される可能性があるので「中国地方」を全部言うのが普通です。

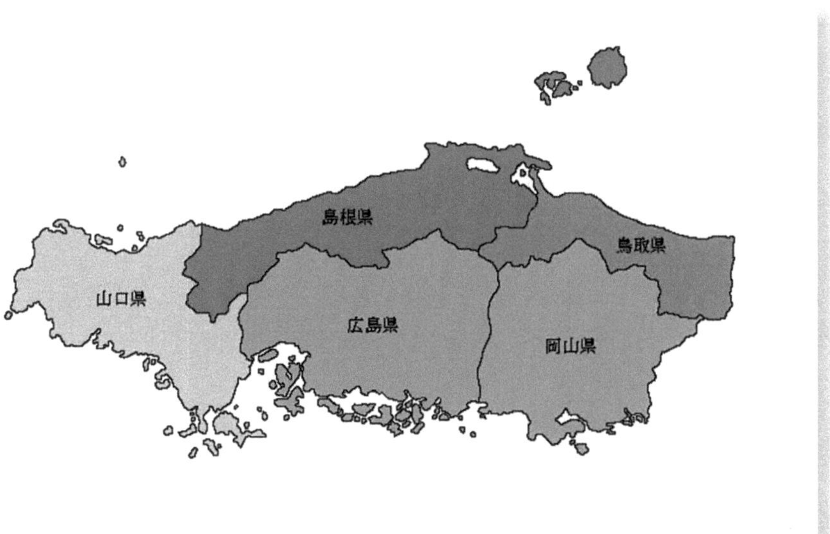

<中国地方>

1. 鳥取県

県庁所在地は鳥取市(とっとりし)、県の人口は57万人で、全国で最も人口が少ない県です。県の花にもなっている「二十世紀梨(にじっせいきなし)」は、海外にも輸出される鳥取県の名産です。鳥取砂丘(とっとりさきゅう)は東西16㎞、南北2.4㎞に広がる日本最大級の砂丘で、海からの風が砂浜の砂を内陸に吹き込むことで形成されました。農産物では、鳥取砂丘で栽培される 「砂丘らっきょう」が有名で、らっきょうの生産量は日本一です。県の西部にある大山(だいせん)は、中国地方で一番高い山です。

2. 島根県

日本を代表する神社の一つ、「出雲大社(いずもたいしゃ)」がある島根県は、古代文化が栄えた「神話の国」です。県庁所在地は松江市(まつえし)、県の人口は69万人で、鳥取県に次いで人口が少ない県です。石見銀山(いわみぎんざん)は戦国時代から江戸時代に栄えた銀山で、当時、世界の銀の3分の1を産出していた日本で最大の銀山です。世界文化遺産に登録されています。宍道湖(しんじこ)のシジミ漁(りょう)は、全国有数の水揚げ量を誇ります。

3. 岡山県

県庁所在地は岡山市(おかやまし)、県の人口は191万人です。岡山市には「日本三名園」の一つ、後楽園(こうらくえん)があります。県南部はたくさんの島が浮かぶ瀬戸内海に面しており、その風景はヨーロッパの「エーゲ海」に例えられます。瀬戸内海の島々にかけられた10本の橋で本州と四国を結ぶ「瀬戸大橋」があります。橋の長さの合計は約9㎞で、1988年に開通しました。

4. 広島県

県庁所在地は広島市(ひろしまし)、県の人口は282万人です。広島市南の広島湾では江戸時代初期からカキの養殖が続けられていて、全国の生産量の約6割を占めています。海に浮かんで見える鳥居(とりい)が特徴である厳島神社(いつくしまじんじゃ)で有名な宮島(みやじま)は国宝でもあり、「日本三景」の一つでもあり、世界文化遺産にも登録されています。原爆ドームも世界文化遺産に登録されています。広島県を代表する銘菓「もみじまんじゅう」は、宮島土産として有名です。レモンの生産量は日本一です。

5. 山口県

県庁所在地は山口市(やまぐちし)、県の人口は138万人です。関門海峡(かんもんかいきょう)を挟んで九州地方と向き合う、本州最西端の県で、明治維新の中心になった、かつての長州藩(ちょうしゅうはん)です。幕末から明治維新にかけて日本の政治を主導した長州藩は多くの政治家を生みました。歴代の内閣総理大臣は、山口県出身者が最も多いです。山口市は室町時代に国際貿易で栄え、「西の都」と呼ばれるほど文化が発展しました。下関市(しものせきし)は、フグの産地として全国的に有名です。関門海峡周辺では、フグ(河豚)のことが縁起をかついで「フク(福)」と呼ばれます。

語句

二十世紀梨 (にじっせいきなし) : 20세기 배. 청배를 대표하는 배 품종.
砂丘 (さきゅう) : 사구. 모래 언덕. 돗토리사구가 유명.
大山 (だいせん) : 다이센산. 츄고쿠지방에서 가장 높은 산. 1729미터.
出雲大社 (いずもたいしゃ) : 이즈모타이샤 신사
石見銀山 (いわみぎんざん) : 이와미 은광산
宍道湖 (しんじこ) : 신지코 호수
シジミ (蜆) : 가막조개. 민물 바지라기.
後楽園 (こうらくえん) : 고라쿠엔. 오카야마시에 있는 일본3대정원 중의 하나.
厳島神社 (いつくしまじんじゃ) : 이쓰쿠시마신사
宮島 (みやじま) : 미야지마. 이쓰쿠시마의 별칭.
鳥居 (とりい) : 도리이. 신사 입구에 세운 두 기둥의 문.
関門海峡 (かんもんかいきょう) : 간몬해협. 下関市(しものせきし)와 北九州市門司区(きたきゅうしゅうしもじく) 사이에 있는 해협.
長州藩 (ちょうしゅうはん) : 쵸슈번. 지금의 야마구치현에 해당하는 옛 명칭.

해석

제8과 츄고쿠지방

츄고쿠지방은, 북쪽에 돗토리현과 시마네현, 남쪽에 오카야마현과 히로시마현이 나란히 있고, 서쪽에 야마구치현이 있습니다. 「츄고쿠지방」이라는 명칭의 유래는 확실하지는 않습니다만, 고대에 천황의 거소가 놓인 교토 부근을 기준으로 하여 「근국」 「중국」 「원국」으로 구분하였을 때, 이 지방의 대부분이 「중국(츄고쿠)」에 해당했기 때문이라고 전해지고 있습니다.

표기와 발음이 모두 같은 「중국(중화인민공화국)」과 구별하기 위해, 일본의 다른 지역과는 달리 「지방」을 생략하는 일은 현재는 많지 않습니다. 즉, 「츄고쿠지방」은 「츄고쿠에 다녀 왔다」라고 하면 오해받을 가능성이 있기 때문에 「츄고쿠지방」을 전부 말하는 것이 보통입니다.

1. 돗토리현

현청소재지는 돗토리시, 현의 인구는 57만 명으로 전국에서 가장 인구가 적은 현입니다. 현의 꽃으로도 삼고 있는 「20세기 배」는 해외에도 수출되는 돗토리현의 명물입니다. 돗토리사구는 동서로 16킬로미터, 남북으로 2.4킬로미터 펼쳐진 일본 최대급의 사구인데, 바다로부터 불어오는 바람이 모래해변의 모래를 육지 쪽으로 불어 올려서 형성되었습니다. 농산물로는 돗토리사구에서 재배되는 「사구 랏쿄」가 유명하며, 랏쿄의 생산량이 일본 제일입니다. 현의 서부에 있는 다이센산은 츄고쿠지방에서 가장 높은 산입니다.

2. 시마네현

일본을 대표하는 신사의 하나인 「이즈모타이샤」가 있는 시마네현은, 고대문화가 번성한 「신화의 나라」입니다. 현청소재지는 마쓰에시, 현의 인구는 69만 명으로 돗토리현에 이어 인구가 적은 현입니다. 이와미 은광산은 전국시대부터 에도시대에 번창한 은광산인데, 당시, 세계의 은의 3분의1을 산출했던 일본에서 가장 큰 은광산입니다.

세계문화유산에 등록되어 있습니다. 신지코 호수의 가막조개 잡이는 전국적으로 유수한 어획량을 자랑합니다.

3. 오카야마현

현청소재지는 오카야마시, 현의 인구는 191만 명입니다. 오카야마시에는 「일본3대정원」의 하나인 고라쿠엔이 있습니다. 현의 남부는 많은 섬이 떠있는 세토나이카이에 면하고 있는데, 그 풍경은 유럽의 「에개해」에 비유됩니다. 세토나이카이의 여러 섬에 걸쳐진 10개의 다리로 혼슈와 시코쿠를 연결하는 「세토대교」가 있습니다. 다리 길이의 합은 약 9킬로미터이며 1988년에 개통되었습니다.

4. 히로시마현

현청소재지는 히로시마시, 현의 인구는 282만 명입니다. 히로시마시 남쪽의 히로시마만에서는 에도시대 초기부터 굴 양식이 이어지고 있으며 전국 생산량의 약 6할을 점하고 있습니다. 바다에 떠있는 모습으로 보이는 신사 입구가 특징인 이쓰쿠시마신사로 유명한 미야지마섬은 국보이기도 하고 「일본3대명승지」이기도 하며, 세계문화유산에도 등록되어 있습니다. 원폭 돔도 세계문화유산에 등록되어 있습니다. 히로시마현을 대표하는 명과 「모미지만주」는 미야지마의 선물로 유명합니다. 레몬의 생산량이 일본 제일입니다.

5. 야마구치현

현청소재지는 야마구치시, 현의 인구는 138만 명입니다. 간몬해협을 끼고 규슈지방과 마주보는 혼슈 가장 서쪽의 현으로, 메이지유신의 중심이 된 예전의 쵸슈번입니다. 막부 말기부터 메이지유신에 걸쳐서 일본의 정치를 주도한 쵸슈번은 많은 정치가를 배출하였습니다. 역대 내각총리대신은 야마구치현 출신자가 가장 많습니다. 야마구치시는 무로마치시대에 국제무역으로 번성하여, 「서쪽의 수도」라고 불릴 정도로 문화가 발전하였습니다. 시모노세키시는 복어의 산지로 전국적으로 유명합니다. 간몬해협 주변에서는 「후구 (복어)」가 복을 가져온다고 하여 「후쿠 (복)」로 불립니다.

노트 漢字①

＜一年生の漢字＞

(日本の教育漢字1026字のうち、小学校一年生対象の漢字80字)

番号	漢字	音読、訓読	番号	漢字	音読、訓読
1	一	イチ、一つ	21	五	ゴ、五つ
2	右	ウ、ユウ、みぎ	22	口	コウ、くち
3	雨	ウ、あめ、あま	23	校	コウ
4	円	エン、円い	24	左	サ、ひだり
5	王	オウ	25	三	サン、三つ
6	音	オン、イン、おと	26	山	サン、やま
7	下	カ、ゲ、した	27	子	シ、ス、こ
8	火	カ、ひ	28	四	シ、四つ
9	花	カ、はな	29	糸	シ、いと
10	貝	かい	30	字	ジ
11	学	ガク、学ぶ	31	耳	ジ、みみ
12	気	キ、ケ	32	七	シチ、七つ
13	九	キュウ、ク、九つ	33	車	シャ、くるま
14	休	キュウ、休む	34	手	シュ、て
15	玉	ギョク、たま	35	十	ジュウ、とお
16	金	キン、コン、かね	36	出	シュツ、出る
17	空	クウ、そら、空く	37	女	ジョ、おんな
18	月	ゲツ、つき	38	小	ショウ、小さい
19	犬	ケン、いぬ	39	上	ジョウ、うえ
20	見	ケン、見る	40	森	シン、もり

番号	漢字	音読、訓読	番号	漢字	音読、訓読
41	人	ジン、ひと	61	町	チョウ、まち
42	水	スイ、みず	62	天	テン、あめ
43	正	セイ、正しい	63	田	デン、た
44	生	セイ、なま	64	土	ド、ト、つち
45	青	セイ、あお	65	二	ニ、二つ
46	夕	セキ、ゆう	66	日	ニチ、ひ、か
47	石	セキ、いし	67	入	ニュウ、入る
48	赤	セキ、あか	68	年	ネン、とし
49	千	セン、ち	69	白	ハク、しろ
50	川	セン、かわ	70	八	ハチ、八つ
51	先	セン、さき	71	百	ヒャク
52	早	ソウ、早い	72	文	ブン、ふみ
53	草	ソウ、くさ	73	木	ボク、モク、き
54	足	ソク、あし	74	本	ホン、もと
55	村	ソン、むら	75	名	メイ、ミョウ、な
56	大	ダイ、大きい	76	目	モク、め
57	男	ダン、おとこ	77	立	リツ、立つ
58	竹	チク、たけ	78	力	リョク、ちから
59	中	チュウ、なか	79	林	リン、はやし
60	虫	チュウ、むし	80	六	ロク、六つ

<참고> 대표적인 음과 훈만 제시하였으므로 음과 훈이 더 있을 수 있다.

第9課　四国地方

四国は日本列島を構成する主な四島の一つです。四島の中では最も小さいですが、世界の島の中では第50位の大きさです。ですから、そんなに小さな島ではありません。

四国地方には、付属する島々も含めて徳島県、香川県、愛媛県、高知県という四つの県があります。今の四つの県に分けられる前の四国地方には、現在の徳島県に該当する阿波国(あわのくに)、香川県に該当する讃岐国(さぬきのくに)、愛媛県に該当する伊予国(いよのくに)、高知県に該当する土佐国(とさのくに)が置かれていました。

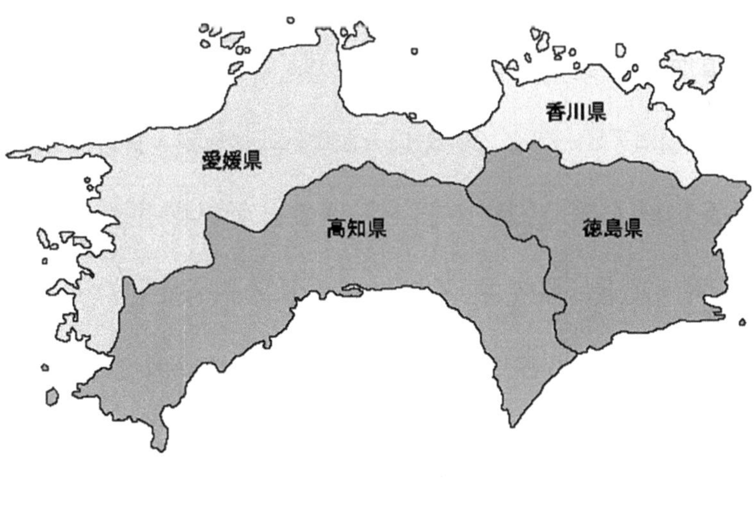

<四国地方>

1. 徳島県

県庁所在地は徳島市(とくしまし)で、県の人口は74万人です。阿波踊りで知られる昔の「阿波国」で、大鳴門橋と明石海峡大橋によって、「京阪神大都市圏」と直結しています。「阿波踊り」は県内の各地で行われる盆踊りです。「同じアホなら、踊らにゃ損そん」という歌で知られており、そろいの衣装で踊りながら練り歩きます。柑橘類のすだちは徳島県が原産で、日本のすだちのほぼすべてがここで栽培されています。

2. 香川県

県庁所在地は高松市(たかまつし)、県の人口は97万人で、昔の讃岐国です。47都道府県の中で最も面積が小さい県で、近年は讃岐うどんを県の看板にして、全国にアピールしています。太くてこしが強い手打ちうどんである讃岐うどんは香川県（讃岐国）の郷土料理で、うどんの生産および消費量が全国1位です。最近は県のニックネームを「うどん県」と言ったりしています。瀬戸内海(せとないかい)の香川県の方には小豆島など大小100以上の島が点在しています。小豆島は、温暖で雨が少ないためオリーブ栽培に適しており、全国の9割以上が生産されています。

3. 愛媛県

県庁所在地は松山市(まつやまし)、県の人口は136万人です。四国地方で最も人口が多い県で、松山市は小説『坊ちゃん』の舞台として知られています。英語の「ベースボール」を「野球」と翻訳した人物である正岡子規(まさおかしき)は現在の松山市出身です。道後(どうご)温泉は奈良時代の『万葉集(まんようしゅう)』にも歌われている歴史の古い松山市の温泉で、兵庫県の有馬(ありま)温泉などとともに「日本三古湯(さんことう)」と呼ばれます。蜜柑(みかん)に似ている伊予(いよ)かんは全国の8割以上を生産しています。キウイフルーツの生産量も全国1位です。

4. 高知県

県庁所在地は高知市(こうちし)、県の人口は71万人です。高知県は日本一のゆずの産地で、全国の生産量の約4割を生産しています。四国山地から太平洋に注ぐ四万十川(しまんとがわ)の流域には、天然ウナギや天然アユなどが生息する豊かな自然が残っており、日本最後の清流と呼ばれています。鳴子(なるこ)を打ち鳴らして踊る「よさこい祭り」は昭和時代に生まれた新しい祭りで、近年は「YOSAKOI」として全国に広まっています。カツオのたたきは高知県の郷土料理です。

土佐藩(とさはん)出身で江戸幕府末ごろの志士(しし)である坂本竜馬(さかもとりょうま)は薩摩藩(さつまはん)の西郷隆盛(さいごうたかもり)などとともに、江戸幕府を倒す運動で重要な働きをしました。幕府の末から明治維新にかけて、土佐藩出身の政治家は長州藩(山口県)、薩摩藩(鹿児島県)とともに日本の政治を主導しました。

語句

阿波踊り（あわおどり）: 아와오도리. 도쿠시마시 부근의 봉오도리라는 단체 춤.

盆踊り（ぼんおどり）: 봉오도리. 불교의식으로 시작되었다가, 무로마치시대 말엽부터 민중오락으로 발달한 단체 춤.

練り歩く（ねりあるく）: 줄지어 행진하다

柑橘類（かんきつるい）: 감귤류

すだち（酸橘）: 스다치. 유자의 한 품종. 요리할 때 향미료로 사용함.

小豆島（しょうどしま）: 쇼도시마 섬. 세토나이카이에 있는 가가와현에 속한 섬.

温暖だ（おんだんだ）: 온난하다

坊っちゃん（ぼっちゃん）: 도련님. 여기에서는 나쓰메 소세키의 소설 제목을 말하고 있다.

道後温泉（どうごおんせん）: 도고온천. 에히메현에 있는 전통 있는 온천.

万葉集（まんようしゅう）: 만엽집. 20권으로 된 옛 시가집.

有馬温泉（ありまおんせん）: 아리마온천. 효고현에 있는 오래된 온천.

日本三古湯（にほんさんことう）: 일본3대 오래된 온천. 선정방식이 몇 가지가 있는데, 가장 일반적으로는 愛媛県의 道後温泉, 兵庫県의 有馬温泉, 和歌山県의 白浜温泉을 꼽는다.

伊予かん（いよかん）: 이요캉. 감귤류의 한 품종.

キウイフルーツ : 키위

注ぐ（そそぐ）: 흘러들다. 뿌리다.「注ぐ」를「つぐ」로 읽으면「붓다, 따르다」라는 뜻이 된다.

四万十川（しまんとがわ）: 시만토가와 강. 고치현을 흐르는 강.

生息する（せいそくする）: 서식하다. 원래는「棲息する」이지만 요즘에는 주로「生息する」로 표기한다.

鳴子（なるこ）: 딸랑이

たたき（叩き）: 다짐. 다짐요리.

藩（はん）: 번. 에도시대에 각 지역의 영주가 지배하던 영지로, 당시의「国(くに)」와 거의 같은 뜻으로 쓴다.

해석

제9과 시코쿠지방

시코쿠는 일본열도를 구성하는 주요 네 개 섬의 하나입니다. 네 개의 섬 중에서는 가장 작습니다만, 세계의 섬 중에서는 제50위의 크기입니다. 그러니까, 그렇게 작은 섬이 아닙니다.

시코쿠지방에는 부속하는 섬들도 포함하여, 도쿠시마현, 가가와현, 에히메현, 고치현이라는 네 개의 현이 있습니다. 지금의 네 개의 현으로 나누어지기 전의 시코쿠지방에는, 현재의 도쿠시마현에 해당하는 아와국, 가가와현에 해당하는 사누키국, 에히메현에 해당하는 이요국, 고치현에 해당하는 도사국이 배치되어 있었습니다.

1. 도쿠시마현

현청소재지는 도쿠시마시이며, 현의 인구는 74만 명입니다. 아와오도리로 알려진 옛날의 「아와국」으로, 오나루토교와 아카시해협대교에 의해 「게이한신대도시권」과 직결되어 있습니다. 「아와오도리」는 현 내의 각지에서 행해지는 봉오도리입니다. 「똑같은 바보라면, 춤추지 않으면 더 손해지」라는 노래로 알려져 있으며, 모두 같은 옷을 입고 춤을 추면서 줄지어 행진합니다. 감귤류인 스다치는 도쿠시마현이 원산으로 일본 스다치의 거의 전부가 이곳에서 재배되고 있습니다.

2. 가가와현

현청소재지는 다카마쓰시, 현의 인구는 97만 명이며 옛날의 사누키국입니다. 47도도부현 중에서 가장 면적이 작은 현인데, 최근에는 사누키우동을 현의 간판으로 하여 전국에 어필하고 있습니다. 통통하고 탄력이 있는 수타 우동인 사누키우동은 가가와현(사누키국)의 향토요리로, 우동의 생산 및 소비량이 전국 1위입니다. 최근에는 현의 닉네임을 「우동현」이라고 하기도 합니다. 세토나이카이의 가가와현 쪽에는 쇼도시마섬 등, 크고 작은 100개 이상의 섬이 점재하고 있습니다. 쇼도시마 섬은 온난하고 비가 적기 때문에 올리브 재배에 적합하여 전국의 9할 이상이 생산되고 있습니다.

3. 에히메현

현청소재지는 마쓰야마시, 현의 인구는 136만 명입니다. 시코쿠지방에서 가장 인구가 많은 현이며, 마쓰야마시는 소설 『도련님』의 무대로 알려져 있습니다. 영어의 「베이스볼」을 「야구」로 번역한 인물인 마사오카 시키는 현재의 마쓰야마시 출신입니다. 도고온천은 나라시대의 『만엽집』에도 읊어지고 있는 역사가 오래된 마쓰야마시의 온천으로, 효고현의 아리마온천 등과 함께 「일본3대 옛 온천」으로 불립니다. 귤을 닮은 이요캉은 전국의 8할 이상을 생산하고 있습니다. 키위의 생산량도 전국 1위입니다.

4. 고치현

현청소재지는 고치시, 현의 인구는 71만 명입니다. 고치시는 일본 제일의 유자 생산지로 전국 생산량의 약 4할을 생산하고 있습니다. 시코쿠산지에서 태평양으로 흘러드는 시만토가와 강의 유역에는 자연산 장어와 자연산 은어 등이 서식하는 풍부한 자연이 남아 있어서 일본 마지막 청류로 불리고 있습니다. 딸랑이를 딸랑거리면서 춤을 추는 「요사코이 축제」는 쇼와시대에 생긴 새로운 축제로 최근에는 「YOSAKOI」라는 이름으로 전국에 퍼지고 있습니다. 가다랑어 다짐요리는 고치현의 향토요리입니다.

도사번 출신으로 에도막부 말엽의 지사인 사카모토 료마는 사쓰마번의 사이고 다카모리 등과 함께 에도막부를 쓰러뜨리는 운동에서 중요한 역할을 하였습니다. 막부 말엽부터 메이지유신에 걸쳐서 도사번 출신의 정치가는 쵸슈번(야마구치현), 사쓰마번(가고시마현)과 더불어 일본의 정치를 주도하였습니다.

노트 ことわざ

익혀두면 유용하게 쓸 수 있고 활용도가 높은 속담을 한국어와 비슷한 것 중에서 선정하였다.

ことわざ (諺)

売り言葉に買い言葉　(うりことばに かいことば)
가는 말이 고와야 오는 말이 곱다

三つ子の魂百まで　(みつごのたましい ひゃくまで)
세살 버릇 여든까지 간다

とんびが鷹を生む　(とんびが たかをうむ)
개천에서 용 난다　　<とんび : 소리개 (=とび)、鷹(たか) : 매>

花より団子　(はなより だんご)
금강산도 식후경

急がば回れ　(いそがば まわれ)
급할수록 돌아가라

壁に耳あり、障子に目あり　(かべにみみあり、しょうじにめあり)
낮말은 새가 듣고 밤 말은 쥐가 듣는다

どんぐりの背比べ　(どんぐりの せいくらべ)
도토리 키 재기

石橋をたたいて渡る　(いしばしを たたいてわたる)
돌다리도 두들겨 보고 건너라

灯台下暗し　(とうだい　もとくらし)
등잔 밑이 어둡다

郷に入っては郷に従え　(ごうにいっては　ごうにしたがえ)
로마에 가면 로마법을 따르라

知らぬが仏　(しらぬが　ほとけ)
모르는 게 약이다

百聞は一見に如かず　(ひゃくぶんは　いっけんにしかず)
백문이 불여일견

鬼に鉄棒　(おにに　かなぼう)
범에 날개

雨降って地固まる　(あめふって　じかたまる)
비 온 뒤에 땅이 굳어진다

船頭多くして船山に上る　(せんどうおおくして　ふねやまにのぼる)
사공이 많으면 배가 산으로 올라간다

門前の小僧習わぬ経を読む　(もんぜんのこぞう　ならわぬきょうをよむ)
서당 개 삼 년이면 풍월을 읊는다

馬の耳に念仏　(うまのみみに　ねんぶつ)
쇠귀에 경 읽기

時は金なり　(ときは　かねなり)
시간은 금이다

安物買いの銭失い　(やすものがいの　ぜにうしない)
싼 게 비지떡

悪貨が良貨を駆逐する　(あっかがりょうかを　くちくする)
악화가 양화를 구축한다

袖振り合うも他生の縁　(そでふりあうも　たしょうのえん)
옷깃만 스쳐도 인연이다

馬子にも衣装　(まごにも　いしょう)
옷이 날개다

井の中の蛙、大海を知らず　(いのなかのかわず、たいかいをしらず)
우물 안 개구리 큰 바다를 모른다

笑う門には福来る　(わらうかどには　ふくきたる)
웃으면 복이 온다

猿も木から落ちる　(さるも　きからおちる)
원숭이도 나무에서 떨어진다

朝起きは三文の徳　(あさおきは　さんもんのとく　=　早起きは三文の得)
일찍 일어나는 새가 벌레를 잡는다

山椒は小粒でもぴりりと辛い　(さんしょうはこつぶでも　ぴりりとからい)
작은 고추가 맵다

住めば都　(すめば　みやこ)
정들면 고향

良薬は口に苦し　(りょうやくは　くちににがし)
양약은 입에 쓰다

待てば海路に日和あり　(まてばかいろに　ひよりあり)
쥐구멍에도 볕 들 날 있다

ちりも積もれば山となる　(ちりもつもれば　やまとなる)
티끌 모아 태산

魚心あれば水心　(うおごころあれば　みずごころ)
가는 정이 있어야 오는 정이 있다

棚から牡丹餅　(たなから　ぼたもち)
호박이 넝쿨째 굴러 들어온다　　<牡丹餅(ぼたもち) : 보타모치 경단>

第10課　九州地方

日本の南西地域にあるのが、九州地方です。鹿児島県を口と考えると、恐竜の頭みたいな形です。「九州」ということは、県が九つありそうなのに、九州地方には福岡県、佐賀県、長崎県、熊本県、大分県、宮崎県、鹿児島県、沖縄県の八つしかありません。実は、九州本島が昔は九つの「国」に分けられていましたが、都道府県ができた時に七つの県に整理されました。沖縄県は「琉球(りゅうきゅう)王国」という独立国でしたが、明治時代に日本の領土に加えられました。それで八つの県になりました。

＜九州地方＞

1. 福岡県

県庁所在地は福岡市(ふくおかし)、県の人口は510万人です。アジア諸国と日本との交流の窓口として、古代から発展してきた九州地方の中で最も人口が多い県です。平安時代の学者である菅原道真(すがわらのみちざね)は福岡県の太宰府天満宮に祀られ、学問の神様として日本全国で崇められています。本州と九州の間にある関門海峡(かんもんかいきょう)は関門橋で結ばれており、海底には「関門トンネル」が通じています。

辛子明太子はスケトウダラの卵(明太子)の唐辛子漬けです。福岡県を代表する郷土料理で、消費量は日本一です。ここで「明太」は韓国語が語源です。豚骨スープの「博多ラーメン」の屋台は、福岡市ならではの風景です。よく「豚骨ラーメン」と言います。

2. 佐賀県

県庁所在地は佐賀市(さがし)、県の人口は82万人です。九州地方で人口が一番少ないです。有田焼は江戸時代初期から有田地方で作られている焼物で、朝鮮人の陶工である李参平によって始められました。佐賀県出身の大隈重信(おおくましげのぶ)は明治時代の政治家で、早稲田大学を創立した人です。

3. 長崎県

県庁所在地は長崎市(ながさきし)、県の人口は135万人です。属する島が971個もあって、都道府県の中で最も島の数が多いです。島の面積が県面積の45%を占めています。海岸線の長さは北海道の次に長いです。江戸時代に海外との窓口として発展しました。出島(でじま)は、外国貿易などが制限された江戸時代の鎖国中に造られた人工島です。オランダ商館が置かれ、オランダとの貿易の窓口となりました。「カステラ」や「ちゃんぽん」などの食べ物が有名です。「ハウステンボス」というオランダ村を造営した有名な観光地があります。県の西側に広がる東シナ海での漁業が盛んで、漁獲高は北海道に次ぐ全国2位です。

4. 熊本県

県庁所在地は熊本市(くまもとし)、県の人口は176万人です。巨大なカルデラで有名な活火山である阿蘇山がそびえる「火の国」です。すいか、トマト、夏みかんの生産量は日本一です。馬肉(ばにく)を食べる食文化が根づいているため、馬肉の消費量は全国の約4割を占めます。

畳の表面に張るござである畳表の材料となるいぐさの生産量も日本一です。熊本県のPRマスコットキャラクターである「くまモン」が人気を得ています。

5. 大分県

県庁所在地は大分市(おおいたし)、県の人口は115万人です。別府(べっぷ)温泉は、数ある温泉の中でも湧き出す湯の量が日本一多いです。湯布院(ゆふいん)温泉は特に女性たちに人気のある温泉です。大分県出身の教育者である福沢諭吉(ふくざわゆきち)は明治時代に『学問のすすめ』を著して勉強の大切さを説き、慶応義塾(けいおうぎじゅく)大学を創立しました。県北部の山地では林業が盛んで、生産量日本一の竹材を利用した竹細工(たけざいく)が有名です。かぼすは、県内で全国の9割以上を生産する大分県の名産品です。

6. 宮崎県

県庁所在地は宮崎市(みやざきし)、県の人口は109万人です。高級銘柄の「太陽のタマゴ」をはじめとするマンゴー生産が盛んで、生産量は沖縄県に次ぐ全国2位を誇ります。日南海岸(にちなんかいがん)は亜熱帯性の植物が育つ風光明媚(ふうこうめいび)な海岸で、昭和時代中ごろには新婚カップルのハネムーン旅行先として人気を集めました。伝統的工芸品では剣道防具や木刀が有名で、全国の木刀の約8割が宮崎県で作られています。

7. 鹿児島県

県庁所在地は鹿児島市(かごしまし)、県の人口は162万人です。県の面積は西日本最大で、全国では10番目です。古くから中国や琉球(りゅうきゅう)との貿易で発展しました。かつての「薩摩国」です。南の海上には世界自然遺産の屋久島(やくしま)、ロケット基地の種子島(たねがしま)があります。焼酎の消費量は日本一です。他の地方では焼酎を麦から作ることが多いが、鹿児島はいも焼酎の本場です。「さつまいも」は「薩摩国のいも」という意味です。カツオ節の生産量が、全国で最も多いです。幕末・明治維新では、薩摩藩（鹿児島県)が長州藩（山口県)、土佐藩（高知県)とともに日本の政治を主導しました。この時に活躍した政治家、西郷隆盛は鹿児島県出身です。

8. 沖縄県

県庁所在地は那覇市(なはし)、県の人口は145万人です。九州地方で最も小さな県で、人口の大半が沖縄島に集中しています。明治時代に日本領に編入されるまでは独立国、琉球王国でした。琉球王国の首都だった首里城は世界文化遺産です。さとうきびは全国生産量の約半分を生産し、さとうきびを加工する製糖業が発達しました。にがうりの炒め物であるゴーヤー・チャンプルーや米で作る焼酎である泡盛など、独特の食文化が根づいています。

語句

琉球王国 (りゅうきゅうおうこく) : 류큐왕국. 15세기에 왕국이 성립되었다. 메이지유신 후에 류큐번을 설치하였고, 1879년에 오키나와현이 된다.

大宰府天満宮 (だざいふてんまんぐう) : 다자이후텐만구

崇める (あがめる) : 우러르다. 숭상하다.

辛子明太子 (からしめんたいこ) : 명란젓

すけとうだら : 명태. 알은 「たらこ(명란, 대구알)」이라고 한다.

有田焼 (ありたやき) : 아리타야키. 도자기의 종류.

オランダ (Olanda) : 네덜란드. 일본에서는 포르투갈어인 「오란다」를 사용한다. 수도는 암스테르담. 한자로 쓸 때는 「和蘭(화란)」을 주로 쓴다.

出島 (でじま) : 데지마섬. 쇄국을 하던 에도시대에 유일하게 개방하였던 포르투갈과의 무역을 위한 인공 섬.

ハウステンボス : 하우스텐보스. 네덜란드어 Huis Ten Bosch 로, 「숲속의 집」이라는 뜻을 가진 테마파크이다. 도쿄디즈니랜드보다 넓다.

ござ : 돗자리

畳表 (たたみおもて) : 다다미 표면 돗자리

いぐさ : 골풀. 등심초.

かぼす : 가보스 유자. 유자의 일종으로 요리에 쓴다.

風光明媚だ (ふうこうめいびだ) : 풍광명미하다

ゴーヤー・チャンプルー : 고야참푸르. 오키나와요리의 일종. 여주볶음. 「ゴーヤー・チャンプルー」는 류큐어로 「ゴーヤー」는 「여주」, 「チャンプルー」는 볶음요리를 말한다.

해석

제10과 규슈지방

일본의 서남지역에 있는 것이 규슈지방입니다. 가고시마현을 입으로 보면, 공룡의 머리 같은 형상입니다. 「규슈」라고 하면 현이 아홉 개 있을 것 같은데, 규슈지방에는 후쿠오카현, 사가현, 나가사키현, 구마모토현, 오이타현, 미야자키현, 가고시마현, 오키나와현의 여덟 개 밖에 없습니다. 실은, 규슈본도가 옛날에는 아홉 개의 「국」으로 나뉘어져 있었습니다만, 도도부현이 생겼을 때에 일곱 개의 현으로 정리되었습니다. 오키나와현은 「류큐왕국」이라는 독립국이었는데, 메이지시대에 일본의 영토에 편입되었습니다. 그래서 여덟 개의 현이 되었습니다.

1. 후쿠오카현

현청소재지는 후쿠오카시, 현의 인구는 510만 명입니다. 아시아 여러 나라와 일본과의 교류의 창구로서 고대로부터 발전해 온 규슈지방 중에서도 가장 인구가 많은 현입니다. 헤이안시대의 학자인 스가와라노 미치자네는 후쿠오카현의 다자이후텐만구에 모셔져, 학문의 신으로서 일본 전국에서 숭상되고 있습니다. 혼슈와 규슈와의 사이에 있는 간몬해협은 간몬교로 연결되어 있으며, 해저에는 「간몬터널」이 통하고 있습니다.

명란젓은 명태의 알(명란)의 고추장 절임입니다. 후쿠오카현을 대표하는 향토요리로 소비량이 전국 1위입니다. 여기에서 「멘타이」는 한국어가 어원입니다. 돼지사골 육수로 만든 「하카타라멘」의 포장마차는 후쿠오카 특유의 풍경입니다. 흔히 「돈코츠라멘」이라고 합니다.

2. 사가현

현청소재지는 사가시, 현의 인구는 82만명입니다. 규슈지방에서 인구가 가장 적습니다. 아리타야키는 에도시대 초기부터 아리타지역에서 만들어지고 있는 도자기로, 조선인 도공인 이삼평에 의해 시작되었습니다. 사가현 출신의 오쿠마 시게노부는 메이지시대의 정치가인데, 와세다대학을 창립한 사람입니다.

3. 나가사키현

현청소재지는 나가사키시, 현의 인구는 135만 명입니다. 속하는 섬이 971개나 되어 도도부현 중에서 가장 섬의 개수가 많습니다. 섬의 면적이 현 면적의 45%를 차지하고 있습니다. 해안선의 길이는 홋카이도 다음으로 깁니다. 에도시대에 해외와의 창구로서 발전하였습니다. 데지마는, 외국무역 등이 제한된 에도시대의 쇄국 중에 만들어진 인공 섬입니다. 네덜란드 상관이 설치되어 네덜란드와의 무역 창구가 되었습니다. 「카스테라」나 「짬뽕」과 같은 먹거리가 유명합니다. 「하우스텐보스」라는 네덜란드 마을을 조성한 유명한 관광지가 있습니다. 현의 서쪽 편으로 펼쳐지는 동중국해에서의 어업이 활발하여, 어획고가 홋카이도에 이어 전국 2위입니다.

4. 구마모토현

현청소재지는 구마모토시, 현의 인구는 176만 명입니다. 거대한 칼데라로 유명한 활화산인 아소산이 우뚝 솟은 「히노쿠니(불의 나라)」입니다. 수박, 토마토, 여름밀감의 생산량이 일본 제일입니다. 말고기를 먹는 식문화가 뿌리를 내리고 있기 때문에 말고기의 소비량이 전국의 약 4할을 점하고 있습니다. 다다미의 표면에 붙이는 돗자리인 다다미 표면 돗자리의 재료가 되는 골풀의 생산량도 전국 1위입니다. 구마모토현의 선전 매스코트 캐릭터인 「구마몬」이 인기를 얻고 있습니다.

5. 오이타현

현청소재지는 오이타시, 현의 인구는 115만 명입니다. 벳푸온천은 수많은 온천중에서도 용출하는 온천수의 양이 일본에서 가장 많습니다. 유후인온천은 특히 여성들에게 인기가 있는 온천입니다. 오이타 출신의 교육자인 후쿠자와 유키치는 메이지시대에 『학문의 권장』을 저술하여 공부의 중요성을 역설하고, 게이오대학을 창립하였습니다. 현 북부의 산지에서는 임업이 왕성하여, 생산량 일본 최고인 죽재를 이용한 죽세공이 유명합니다. 가보스 유자는 현 내에서 전국의 9할 이상을 생산하는 오이타현의 특산품입니다.

6. 미야자키현

현청소재지는 미야자키시, 현의 인구는 109만 명입니다. 고급 브랜드인 「태양의 알」을 비롯한 망고 생산이 활발하여, 생산량이 오키나와현에 이어 전국 2위를 자랑합니다. 니치난해안은 아열대성의 식물이 자라는 풍광명미한 해안으로, 쇼와시대 중엽에는 신혼 커플의 허니문 여행지로서 인기를 모았습니다. 전통적인 공예품으로는 검도 방어용 도구와 목검이 유명하며, 전국 목검의 약 8할이 미야자키현에서 만들어지고 있습니다.

7. 가고시마현

현청소재지는 가고시마시, 현의 인구는 162만 명입니다. 현의 면적은 서일본에서 가장 크고, 전국에서는 10번째입니다. 옛날부터 중국과 류큐와의 무역으로 발전하였습니다. 과거의 「사쓰마국」입니다. 남쪽의 해상에는 세계자연유산인 야쿠시마, 로켓 기지인 다네가시마가 있습니다. 소주의 소비량이 전국 1위입니다. 다른 지방에서는 소주를 보리로 만드는 경우가 많은데, 가고시마는 고구마 소주의 본고장입니다. 「사쓰마이모(고구마)」는 「사쓰마국의 감자」라는 뜻입니다. 가다랑어포의 생산량이 전국에서 가장 많습니다. 막부 말엽, 메이지유신 때는 사쓰마번(가고시마현)이 쵸슈번(야마구치현), 도사번(고치현)과 함께 일본의 정치를 주도하였습니다. 이때에 활약한 정치가, 사이고 다카모리는 가고시마현 출신입니다.

8. 오키나와현

현청소재지는 나하시, 현의 인구는 145만 명입니다. 규슈지방에서 가장 작은 현으로, 인구의 태반이 오키나와섬에 집중되어 있습니다. 메이지시대에 일본령으로 편입될 때까지는 독립국, 류큐왕국이었습니다. 류큐왕국의 수도였던 슈리성은 세계문화유산입니다. 사탕수수는 전국 생산량의 약 절반을 생산하며, 사탕수수를 가공하는 제당업이 발달하였습니다. 여주의 볶음 음식인 고야참푸르와 쌀로 만든 소주인 아와모리 등, 독특한 식문화가 뿌리내리고 있습니다.

노트 若者言葉

다음은 젊은이들이 주로 사용하는「若者言葉 (わかものことば : 청소년어)」이다. 적극적으로 사용하기를 권장하지는 않지만, 듣고 이해할 수 있도록 하는 것이 좋다.

若者言葉

テンション高い (テンションたかい) : 기분이 업되어 있다. tension.
ディスる : 경멸하다. disrespect.
かぶってる : 중복되다
どや顔 (どやがお) : 의기양양한 얼굴
かむ : 버벅거리다
パニクる : 혼란에 빠지다. panic.
テンパる : 초조해하다
ヤセ活 (ヤセかつ) : 살빼기 활동
ハンパない : 보통이 아니다. =中途半端 (ちゅうとはんぱ) ではない
あざす : 감사합니다. =ありがとうございます
おひさ : 오래간만. =お久しぶり
ワンチャン : 하나의 가능성. one chance.
アピる : 어필하다. appeal.
オールする : 철야하다. 밤을 새다.
はずい : 부끄럽다. =恥ずかしい
きもい : 기분 나쁘다. =気持ち悪い
むずい : 어렵다. =難しい
うざい : 귀찮다. =うざったい
やばい : 위험하다. 엄청 좋다.

ぶっちゃけ : 솔직히 말해서

まんじ（卍）: 진짜로

圏外（けんがい）: 있을 수 없다

がっつり : 확실하게

すごい : 굉장히

ぜんぜん : 아주

あいうえお（愛飢え男）: 사랑에 굶주린 남자

変顔（へんがお）: 이상한 얼굴. =変な顔

セルフィー : 셀피사진. selfie. =自撮り（じどり）

ラブい : 엄청 좋다. love.

ゲットする : 차지하다. get.

告る（こくる）: 고백하다. =告白する

カフェる : 차를 마시다. cafe.

宅飲み（たくのみ）: 집에서 술마시기

オケる : 노래방 가다. =空オケ

口ぱく（くちぱく）: 립싱크

キャラ : 성격. =キャラクター

就活（しゅうかつ）: 취업활동. =就職活動（しゅうしょくかつどう）

コピる : 복사하다. copy.

サボる : 땡땡이치다. sabotage.

グチる : 불평하다

タクる : 택시 타다. taxi.

ダブる : 겹치다. double.

ロスる : 손해보다. loss.

パロる : 패러디하다. parody.

トラブる : 문제가 생기다. trouble.

ナビる : 길을 안내하다. navigate.

メモる : 메모하다. memo.

ハミる : 삐져나오다. =はみ出る

ハモる : 하모니를 이루다. harmony.

ググる : 구글에서 검색하다. google.

第2部 年中行事で見る日本

(제2부 연중행사로 본 일본)

第2部では、1月から12月までの日本の年中行事を通じて、日本を見ていくことにします。いろいろな行事とそれに関わる風習などが総合的に理解できます。韓国との類似点や相違点を比較してみるのも楽しいと思います。

(제2부에서는, 1월부터 12월까지의 일본의 연중행사를 통하여 일본을 알아가도록 하겠습니다. 여러 가지 행사와 그와 관련한 풍습 등을 종합적으로 이해할 수 있습니다. 한국과의 유사점이나 상위점을 비교해 보는 것도 재미있을 것입니다)

第11課 1月 お正月

日本は今は陽暦(ようれき)を使いますが、昔は陰暦(いんれき)を使いました。月を言う時は普通「一月、二月、三月」のように言いますが、「睦月(むつき)、如月(きさらぎ)、弥生(やよい)」などと言う場合があります。これは元々陰暦の月の呼び方でしたが、陽暦になった今日でもこの用語がそのまま使われることがあります。「一月、二月、三月」などに比べると一般性はないものの、今は陽暦とそのまま対応しています。それで一月を「睦月」とも言います。「睦月」というのは年始(ねんし)に親族が集まって、仲睦(なかむつ)まじく過ごすということからつけられた名称です。

1月1日は一年の最初の日です。それで「元日(がんじつ)」とも言い、「お正月(しょうがつ)」とも言います。国民の祝日になっています。1月1日から1月3日までは「三(さん)が日(にち)」と言いまして、官公庁はお休みです。新年になって初めて人と会った時には「あけましておめでとうございます」と挨拶(あいさつ)を交わします。

お正月にはお節料理(せちりょうり)を食べます。子供は大人からお年玉(としだま)をもらうのが楽しみです。汁の中におもちが入っている「お雑煮(ぞうに)」もお正月の料理です。大人は「おとそ」というお酒を飲んだりします。

お正月には初詣(はつもうで)に行く風習があります。健康と成功などを祈るためです。有名なお寺や神社は足の踏み場もないほどお参りする参拝客で賑わいます。

初夢(はつゆめ)はお正月に初めて見る夢のことです。日本では「一富士二鷹三茄子(いちふじにたかさんなすび)」という慣用句(かんようく)があります。初夢で見ると縁起がいいと言われる夢を順番に並べたものです。

お正月には年賀状(ねんがじょう)が届きます。前年の暮れに出した年賀状はまとめて元日に配達されるのですが、年賀状を読むのもお正月の大きな楽しみの一つです。

一月の第二月曜日は「成人の日」です。二十歳(はたち)になった人が大人の社会へ合流する日です。この日は着物に身を包んだ新しい成人の姿をあちこちで見ることができます。このようにめでたい時などに着る晴れがましい服を晴(は)れ着(ぎ)と言います。

語句

お正月（おしょうがつ）：설날. 「お正月」라고 하면 주로 설날을 가리키고 「正月(しょうがつ)」라고 하면 정월, 즉 1월 전체를 가리킨다. 단, 「お正月」를 「正月」라고 하는 경우도 있다.

睦月（むつき）：무쓰키. 1월의 별칭. 정월.

如月（きさらぎ）：기사라기. 2월의 별칭.

弥生（やよい）：야요이. 3월의 별칭.

仲（なか）：사이. 관계.

睦まじい（むつまじい）：사이가 좋다. 정답다.

三が日（さんがにち）：정초 사흘

お節料理（おせちりょうり）：명절요리, 줄여서 「お節」라고도 한다.

お雑煮（おぞうに）：떡국. 단순히 「雑煮」라고도 한다.

おとそ：도소주. 설날 축하주. 「お屠蘇」

初詣（はつもうで）：새해 첫 참배

踏み場（ふみば）：발 디딜 곳. 足の踏み場もない 발 디딜 틈도 없다.

初夢（はつゆめ）：새해 첫 꿈

鷹（たか）：매

茄子（なすび）：가지. 요즘에는 주로 「なす」라고 한다.

縁起がいい（えんぎがいい）：재수가 좋다

暮れ（くれ）：해질 무렵. 연말. 세밑.

めでたい（目出度い）：경사스럽다

晴れがましい（はれがましい）：화려하다. 영광스럽다.

晴れ着（はれぎ）：나들이옷

해석

제11과 1월 설날

일본은 지금은 양력을 사용합니다만, 옛날에는 음력을 사용하였습니다. 달을 말할 때는 보통 「1월, 2월, 3월」과 같이 말하는데, 「무쓰키, 기사라기, 야요이」 등으로 말하는 경우가 있습니다. 이것은 원래 음력 달을 말하는 것이었는데, 양력이 된 오늘날에도 이 용어가 그대로 사용되는 경우가 있습니다. 「1월, 2월, 3월」 등에 비하면 일반성이 없기는 하지만, 지금은 양력과 그대로 대응하고 있습니다. 그래서 1월을 「무쓰키」라고도 합니다. 「무쓰키」라는 것은 정초에 친족이 모여 정답게 지낸다는 뜻으로 붙여진 명칭입니다.

1월 1일은 1년의 첫날입니다. 그래서 「원일」이라고도 하고 「설날」이라고도 합니다. 국민의 경축일로 지정되어 있습니다. 1월 1일부터 1월 3일까지는 「정초 사흘」이라고 해서 관공서는 쉬는 날입니다. 새해가 되어 처음으로 다른 사람을 만날 때는 「새해 복 많이 받으세요」라고 인사를 교환합니다.

설날에는 설날요리를 먹습니다. 아이들은 어른한테서 세뱃돈을 받는 것이 즐거움입니다. 국물 안에 떡이 들어가 있는 떡국도 설날요리입니다. 어른은 도소주라는 술을 마시기도 합니다.

설날에는 새해 첫 참배를 가는 풍습이 있습니다. 건강과 성공 등을 기원하기 위해서입니다. 유명한 절과 신사는 발 디딜 틈이 없을 정도로 참배를 하는 참배객으로 북적입니다.

새해 첫 꿈은 새해에 처음으로 꾸는 꿈을 말합니다. 일본에서는 「첫 번째 후지산, 두 번째 매, 세 번째 가지」라는 관용구가 있습니다. 첫 꿈에서 꾸면 재수가 좋다고 전해지는 꿈을 순서대로 배열한 것입니다.

설날에는 연하장이 배달됩니다. 전년 세밑에 부친 연하장은 모아두었다가 새해 첫날에 배달되는데 연하장을 읽는 것도 설날의 큰 즐거움의 하나입니다.

1월 제2월요일은 「성인의 날」입니다. 스무 살이 된 사람이 어른 사회로 합류하는 날입니다. 이 날은 기모노를 몸에 두른 새로운 성인의 모습을 여기저기에서 볼 수가 있습니다. 이와 같이 경사스러운 날 등에 입는 화려한 옷을 나들이옷이라고 합니다.

노트 祝日

〈일본의 공휴일〉

1月1日 元日 설날	1月第2月曜日 成人の日 성인의 날	2月11日 建国記念の日 건국기념일	3月21日頃 春分の日 춘분의 날

4月29日 昭和の日 쇼와의 날	5月3日 憲法記念日 헌법기념일	5月4日 みどりの日 녹색의 날	5月5日 こどもの日 어린이날
 	 		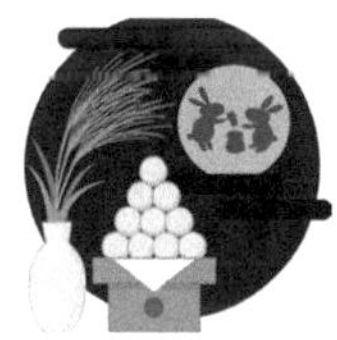
7月第3月曜日 海の日 바다의 날	8月11日 山の日 산의 날	9月第3月曜日 敬老の日 경로의 날	9月23日頃 秋分の日 추분의 날

10月第2月曜日 スポーツの日 스포츠의 날	11月3日 文化の日 문화의 날	11月23日 勤労感謝の日 근로감사의 날	12月23日 天皇誕生日 천황탄생일

<휴일에 관련된 용어>

★ 振替休日（ふりかえきゅうじつ）： 대체휴일

공휴일이 일요일과 겹칠 때, 그 다음의 월요일을 휴일로 하는 제도.

★ ハッピーマンデー制度 ： 해피먼데이제도

공휴일의 일부를 종래의 고정된 날에서 특정한 주의 월요일로 이동시킨 제도. 주5일제근무가 정착되면서 토요일, 일요일과 더불어 3연휴로 하여 휴가를 즐기도록 하자는 취지에서 제정되었다. 이 제도에 의해서 「成人の日」「体育の日」「海の日」「敬老の日」가 각각 월요일로 이동하였다.

★ 週休二日制（しゅうきゅうふつかせい）： 주5일제근무

매월 한 번이라도 일주에 이틀 휴일이 있으면 「週休二日制」라고 한다. 일본에서 처음으로 이 제도를 도입한 회사는 三菱電機(みつびしでんき)로 알려져 있다.

★ ゴールデンウィーク ： 골든위크. Golden Week.

매년 4월말에서 5월초에 걸쳐 휴일이 많은 기간을 말한다. 「大型連休(おおがたれんきゅう)」라고도 한다. Golden Week 는 일본제 영어이다.

★ シルバーウィーク ： 실버위크. Silver Week.

가을에 휴일이 많은 기간을 말하는데 주로 「9月の大型連休」를 가리키는 경우가 많다. Silver Week 는 일본제 영어이다.

第12課 2月 節分

二月は「如月(きさらぎ)」とも言います。やや古い表現ですが、「寒さのために更に着物を重ねて着る」という意味の「衣更着(きさらぎ)」から来ているとの説があります。

二月の行事と言えば「節分(せつぶん)」です。節分は本来は立春、立夏、立秋、立冬の前の日のことで、年に四回ありました。しかし今日では「節分」と言えば立春の前の日のことを指すようになっています。旧暦では立春が一年の始めとされて、最も重要視されていたからです。

節分には「豆まき」をすることが多いです。節分は旧暦で一年の最終日に当りますので、一年間の邪気を払って福を招くために炒った豆をまく行事です。まく時は「鬼は外、福は内」と唱えます。

2月4日ごろは立春です。立春は冬と春を分ける節分の翌日で、春に入る日です。旧暦では新年の始まりになります。禅寺(ぜんでら)では、縦書きにすると左右対称になる「立春大吉(りっしゅんだいきち)」と書いた紙を門に貼る風習があります。

2月11日は「建国記念の日」です。「建国記念の日」が正式名称ですが、よく「建国記念日(けんこくきねんび)」とも言います。日本初代の天皇は神武天皇(じんむてんのう)とされていますが、この神武天皇が即位したとされる紀元前660年2月11日を日本が建国された日として国民の祝日にしたものです。

二月には「春一番(はるいちばん)」が吹きます。春一番は立春後、初めて吹く強い南寄(みなみよ)りの風のことです。「南寄りの風」とは南がつく全ての方角から北へ向かって吹く暖かい風です。春一番が吹いた日は気温が上昇します。気象庁(きしょうちょう)は毎年春一番を観測して地域ごとに発表するのですが、2018年の関東地方の春一番は3月1日に観測されました。

語句

節分（せつぶん）：세쓰분. 절분. 계절이 바뀌는 때, 특히 입춘 전날.
如月（きさらぎ）：기사라기. 2월의 별칭.
やや：약간. 얼마간. 다소. 조금.
旧暦（きゅうれき）：구력. 음력. 일본에서는 1872년까지 사용하였음.
豆まき（まめまき）：콩 뿌리기. 세쓰분 때에 하는 행사의 하나.
炒る（いる）：볶다. 지지다.
禅寺（ぜんでら）：선사. 선원. 선종의 사원.
縦書き（たてがき）：종서. 세로쓰기 ↔ 横書き（よこがき）
立春大吉（りっしゅんだいきち）：입춘대길
貼る（はる）：바르다. 붙이다.
春一番（はるいちばん）：하루이치방. 입춘 후에 처음으로 부는 강한 남풍.
南寄りの風（みなみよりのかぜ）：남쪽에서 불어오는 바람
方角（ほうがく）：방향. 쪽. 각도.
気象庁（きしょうちょう）：기상청
関東地方（かんとうちほう）：간토지방

해석

제12과 2월 세쓰분

2월은 「기사라기」라고도 합니다. 약간 오래된 표현입니다만, 「추위 때문에 옷을 더 껴입는다」라는 뜻의 「기사라기」에서 비롯되었다는 설이 있습니다.

2월의 행사라고 하면 「세쓰분」입니다. 세쓰분은 원래는 입춘, 입하, 입추, 입동의 전날을 말하는 것으로 1년에 네 번 있었습니다. 그러나 근래에 「세쓰분」이라고 하면 입춘 전날을 가리키게 되었습니다. 음력으로는 입춘이 1년의 시작으로 간주되어 가장 중요시되어 있었기 때문입니다.

세쓰분 때는 「콩 뿌리기」를 하는 경우가 많습니다. 세쓰분은 음력으로 1년의 마지막 날에 해당하기 때문에, 1년 동안의 나쁜 기운을 제거하고 복을 부르기 위하여 볶은 콩을 뿌리는 행사입니다. 뿌릴 때는 「잡귀는 물러가고 복신은 들어오라」라고 외칩니다.

2월 4일경은 입춘입니다. 입춘은 겨울과 봄을 나누는 세쓰분의 다음날로 봄이 시작되는 날입니다. 음력으로는 새해의 시작에 해당합니다. 선사에서는 세로로 쓰면 좌우대칭이 되는 「입춘대길」이라고 쓴 종이를 문에 붙이는 풍습이 있습니다.

2월 11일은 「건국기념의 날」입니다. 「건국기념의 날」이 정식 명칭인데 흔히 「건국기념일」이라고도 합니다. 일본의 초대 천황은 진무천황이라고 되어 있는데 이 진무천황이 즉위했다고 하는 기원전 660년 2월 11일을 일본이 건국된 날로서 경축일로 삼은 것입니다.

2월에는 「하루이치방」이 붑니다. 하루이치방은 입춘 후에 처음으로 부는 남쪽에서 올라오는 바람을 말합니다. 「남쪽에서 부는 바람」이란 남쪽이 붙는 모든 방향에서 북쪽을 향하여 부는 따뜻한 바람입니다. 하루이치방이 분 날은 기온이 상승합니다. 기상청은 매년 하루이치방을 관측하여 지역별로 발표하는데 2018년의 간토지방의 하루이치방은 3월 1일에 관측되었습니다.

노트 昔話②

天の羽衣

むかしむかし、山すその村に、いかとみという狩人(かりゅうど)が住んでいました。よく晴れた、春の朝のことです。いかとみはいつものように、獲物を探しに山を登っていきました。

「やあ、いい朝だなあ」

いかとみが空を見上げると、すみきった青空に白いかすみのような物がいくえにもたなびいているのが見えました。その白い物は不思議なことに、フワフワと空を飛んで近くの湖に降りてきました。

「あっ、あれは白鳥か？　八羽もいるぞ」

いかとみは、急いで湖に近寄りました。すると湖で泳いでいるのは白鳥ではなく、今まで見たこともないほど美しい八人の乙女たちだったのです。

いかとみが、ふとあたりを見回すと、少しはなれた松の枝にまっ白い布がかけてあります。

「なんてきれいな着物だろう。これはきっと、天女(てんにょ)の着る羽衣(はごろも)にちがいない。持って帰って、家宝(かほう)にしよう」

いかとみは、そのうちの一枚をふところにしまいました。

やがて水浴びをしていた天女たちは水からあがると、羽衣を身につけて空に舞い上がっていきました。

でも一人の天女だけが、その場に取り残されてしまいました。いかとみが彼女の羽衣を取ってしまったため、天に帰れないのです。

しくしくと泣きくずれる天女の姿に心を痛めたいかとみは、天女に羽衣をさし出しました。

「まあ、うれしい。ありがとうございます」

にっこりと微笑む天女にすっかり心をうばわれたいかとみは、羽衣を返すのを止めました。

「この羽衣は返したくありません。それよりも、わたしの妻になってくださいませんか」

天女は返してほしいと頼みましたが、いかとみは頼み続けました。そこで結局、天女はいかとみの妻になりました。

そして、三年が過ぎました。

いかとみと天女は仲良く暮らしていましたが、天女はいつも天にある自分たちの世界に帰りたいと思っていました。

ある日、いかとみが狩りに出かけたときのことです。

家の掃除をしていた天女は、天井裏に黒い紙包みがあるのに気づきました。その紙包みを開けてみますと、あの羽衣が入っていました。

「・・・・・どうしよう？」

天女は、悩みました。いかとみと暮らすうちに、いかとみのことが好きになっていたのです。

でも、自分の元の世界に帰りたい。

このままいかとみの妻として地上で暮らすか、それとも自分の世界に帰るか。さんざん悩みましたが、天女は帰ることにしました。

その頃、いかとみは獲物をたくさんつかまえたので、その獲物を町で売って天女のためにきれいなクシを買って帰る途中でした。

ふと空を見上げると、いかとみの妻の天女が空を飛んでいく姿が見えました。

「あっ、まっ、まさか！　おーい、待ってくれー！」

いかとみは力の限り天女を追いかけましたが、そのうち天女の姿は見えなくなってしまいました。

単語

天の羽衣(あまのはごろも) 선녀의 날개옷(선녀와 나무꾼), 山すそ(やますそ) 산기슭, 狩人(かりゅうど) 사냥꾼, 獲物(えもの) 사냥감, かすみ 안개, いくえにも 여러 겹으로, 몇 번이고, 되풀이하여, たなびく 기다랗게 끼다, フワフワと 둥실둥실, 乙女(おとめ) 소녀, 처녀, 天女(てんにょ) 천녀, 선녀, 家宝(かほう) 가보, にっこりと 생긋, 방긋, 狩り(かり) 사냥, 天井裏(てんじょううら) 지붕 밑, 천장 위, 紙包み(かみづつみ) 종이꾸러미, 力の限り(ちからのかぎり) 있는 힘껏

【번역】 일본의 옛날이야기②

선녀의 날개옷

옛날 옛적 산 중턱의 마을에 이카토미라는 사냥꾼이 살고 있었습니다. 화창하게 맑은 봄날 아침의 일입니다. 이카토미는 언제나처럼 사냥감을 찾아 산으로 올라갔습니다.

「야아, 좋은 아침이로군」

이카토미가 하늘을 쳐다보았더니, 맑게 갠 푸른 하늘에 하얀 안개와 같은 것이 여러 겹으로 나부끼고 있는 것이 보였습니다. 그 하얀 것은 이상하게도 둥실둥실 하늘을 날아 가까이에 있는 호수로 내려왔습니다.

「아, 저것은 백조인가? 여덟 마리나 있네」

이카토미는 서둘러 호수에 다가갔습니다. 그랬더니 호수에서 물놀이를 하고 있는 것은 백조가 아니라, 지금까지 본 적도 없을 정도로 아름다운 여덟 명의 아가씨들이었습니다.

이카토미가 문득 주위를 둘러보았더니 조금 떨어진 소나무 가지에 새하얀 천이 걸쳐져 있습니다.

「엄청 예쁜 옷이구나. 이것은 아마도 선녀가 입는 날개옷에 틀림없어. 가지고 가서 가보로 해야겠다」

이카토미는 그 중에서 한 장을 품속에 챙겼습니다.

이윽고 미역을 감고 있던 선녀들이 물에서 올라오더니 날개옷을 몸에 걸치고 하늘로 날아 올라갔습니다.

하지만 한 사람의 선녀만 그 자리에 남겨지게 되었습니다. 이카토미가 그녀의 날개옷을 가져가 버렸기 때문에 하늘로 돌아갈 수가 없는 것입니다.

훌쩍훌쩍 흐느껴 우는 선녀의 모습에 마음이 아파진 이카토미는 선녀에게 날개옷을 내밀었습니다.

「어머, 기뻐라. 고맙습니다」

살포시 미소짓는 선녀에게 완전히 마음을 뺏긴 이카토미는 날개옷을 돌려주는 것을 그만두었습니다.

「이 날개옷은 돌려주고 싶지 않습니다. 그보다도 제 아내가 되어주시지 않겠습니까?」

선녀는 돌려달라고 부탁하였습니다만, 이카토미는 계속 애원하였습니다. 그래서 결국, 선녀는 이카토미의 아내가 되었습니다.

그리고 3년이 흘렀습니다.

이카토미와 선녀는 사이좋게 살고 있었습니다만, 선녀는 언제나 하늘에 있는 자신들의 세계로 돌아가고 싶다고 생각하고 있었습니다.

어느 날, 이카토미가 사냥을 나갔을 때의 일입니다.

집안 청소를 하던 선녀는 천장 위에 까만 종이봉지가 있는 것을 알아차렸습니다. 그 종이봉지를 열어보았더니 그때의 날개옷이 들어있었습니다.

「……어떡하지?」

선녀는 고민에 빠졌습니다. 이카토미와 같이 사는 사이에 이카토미를 사랑하게 된 것입니다.

하지만 자신의 원래 세상으로 돌아가고 싶어.

이대로 이카토미의 아내로서 지상에서 살 것인가, 아니면 자신의 세계로 돌아갈 것인가. 엄청 고민한 끝에 선녀는 돌아가기로 하였습니다.

그 무렵, 이카토미는 사냥감을 많이 잡았기 때문에 그 사냥감을 동네에 팔아서 선녀를 위해 예쁜 빗을 사가지고 집으로 오는 길이었습니다.

문득 하늘을 쳐다보았더니 이카토미의 아내인 선녀가 하늘을 날아가는 모습이 보였습니다.

「어, 설, 설마! 어—이! 기다려 줘—!」

이카토미는 있는 힘껏 선녀를 뒤쫓아 갔습니다만, 금세 선녀의 모습은 보이지 않게 되었습니다.

第13課　3月　ひな祭り

三月はやや古風な言い方で「弥生(やよい)」とも言います。「草木がいよいよ生い茂る月」という意味です。「弥」には「いよいよ」という意味、「生」には「生い茂る」という意味があります。

3月3日は「雛祭り」です。ひな祭りはひな人形を飾って、女の子の幸福と美しく成長することを願う行事です。日本古来の風習と桃の花を入れたお風呂に入るなどの桃の花を利用する中国の風習が合わさったもので「桃の節句」とも言います。

ひな人形は桃の節句が終わるとすぐ片付ける風習があります。いつまでも出しておくと婚期が遅れると言われるからです。

3月21日頃は「春分の日」です。春分とは昼と夜の長さが同じになる日のことで年によって日付(ひづけ)が変わることがあります。天文学(てんもんがく)では太陽黄道が0度になった瞬間を指すのですが、暦(こよみ)ではこの瞬間が属する日のことです。したがって、いずれの日が春分の日になるかはその国の時差によっても一日の違いが生じます。この日から夏至(げし)まで昼がだんだん長くなり、夜が短くなります。

三月は卒業のシーズンでもあります。大体、日本の高等学校は三月の上旬、大学は下旬に卒業式が行われることが多いです。小学校、中学校は三月の中旬ごろに行われます。

卒業式の際は、在校生代表が「送辞(そうじ)」をし、卒業生代表が「答辞(とうじ)」をするのが慣例でしたが、最近はこのようなしきたりが行われない学校もあります。

また、卒業式には「仰(あお)げば尊(とうと)し」や「蛍(ほたる)の光(ひかり)」などの歌が歌われることが多かったのですが、これらも最近は自由になっています。

語句

ひな祭り（ひなまつり）：히나마쓰리.「雛祭」라고도 쓴다. 3월3일에 여자아이가 있는 집에서 행복하고 건강하게 자라기를 기원하는 행사.

弥生（やよい）：야요이. 원래는 음력 3월. 지금은 양력으로도 쓴다.

生い茂る（おいしげる）：무성해지다. 우거지다.

ひな人形（ひなにんぎょう）：히나인형. 히나마쓰리 때에 장식하는 인형.

桃の節句（もものせっく）：복숭아 명절. 삼월 삼짇날의 명절. 음력으로 복숭아꽃이 피는 계절의 행사라는 뜻이다. 히나마쓰리와 같은 뜻으로 쓴다.

春分の日（しゅんぶんのひ）：춘분의 날. 낮과 밤의 길이가 같은 날.

黄道（こうどう）：지구에서 보았을 때 태양이 지구를 중심으로 운행하는 것으로 보이는 천구상의 큰 원. 황도가 적도와 교차하는 점이 춘분점, 추분점이다.

夏至（げし）：하지. 24절기 중의 하나. 낮이 가장 길고 밤이 가장 짧은 날.

送辞（そうじ）：송사. 송별 인사. 특히, 졸업식에서 재학생이 졸업생에게 하는 인사.

答辞（とうじ）：답사. 졸업식에서 송사에 대해 졸업생 대표가 재학생에게 하는 인사.

しきたり（仕来たり）：관례. 관습.

仰げば尊し（あおげばとうとし）：「우러러보니 존귀한」. 한국의「스승의 은혜」에 해당하는 일본 노래.

蛍の光（ほたるのひかり）：「반딧불이의 불빛」. 한국의「석별의 정」에 해당하는 일본 노래로「형설지공」을 노래하고 있다.

해석

第13과 3월 히나마쓰리

3월은 약간 고풍적인 표현으로 「야요이」라고도 합니다. 「이윽고 초목이 우거지는 달」이라는 뜻입니다. 「弥」에는 「이윽고」라는 뜻이 있고, 「生」에는 「우거지다」라는 뜻이 있습니다.

3월 3일은 「히나마쓰리」입니다. 히나마쓰리는 히나인형을 장식하고, 여자 아이의 행복과 아름답게 성장하기를 기원하는 행사입니다. 일본 고래의 풍습과 복숭아꽃을 넣어 목욕을 하는 등, 복숭아꽃을 이용하는 중국의 풍습이 합쳐진 것으로 「복숭아 명절」이라고도 합니다.

히나인형은 복숭아 명절이 끝나면 바로 정리하는 풍습이 있습니다. 언제까지나 꺼내 두면 혼기가 늦어진다는 얘기가 있기 때문입니다.

3월 21일경은 「춘분의 날」입니다. 춘분이란 낮과 밤의 길이가 같아지는 날을 말하는 것으로 해에 따라서 날짜가 바뀌는 수가 있습니다. 천문학에서는 태양 황도가 0도가 되는 순간을 가리킵니다만, 달력으로는 이 순간이 속하는 날을 말합니다. 따라서 어느 날이 춘분의 날이 될지는 그 나라의 시차에 의해서도 하루의 차이가 발생합니다. 이 날부터 하지까지 낮이 점점 길어지고, 밤이 짧아집니다.

3월은 졸업 시즌이기도 합니다. 대체로, 일본의 고등학교는 3월 상순, 대학은 하순에 졸업식을 거행하는 경우가 많습니다. 초등학교, 중학교는 3월 중순경에 실시합니다.

졸업식 때는 재학생 대표가 「송사」를 하고, 졸업생 대표가 「답사」를 하는 것이 관례였습니다만, 최근에는 이와 같은 관례가 실시되지 않는 학교도 있습니다.

또한, 졸업식에는 「우러러보니 존귀한」이라든지 「반딧불이의 불빛」 등의 노래가 불리는 경우가 많았습니다만, 이와 같은 것들도 요즘에는 자유로워졌습니다.

노트 歌

蛍の光

「蛍の光(ほたるのひかり)」는 일본에서 어떤 중요한 행사가 끝날 때 많이 부르는 노래이다. 한국에서 불리는 「석별의 정」과 같은 느낌이다. 학교의 졸업식뿐만 아니라, 매년 연말에 실시하는 NHK의 홍백노래자랑에서도 마지막을 장식하는 노래이기도 하다. 원곡은 스코틀랜드 민요이다.

「蛍の光(ほたるのひかり)」는 「반딧불이의 불빛」이라는 뜻인데, 「형설지공」을 노래하고 있다. 「형설지공」이라는 용어는 일본어로 「蛍雪の功(けいせつのこう)」라고 한다. 「蛍雪の功を積む(けいせつのこうをつむ)」라고 하면 「형설지공을 쌓다」라는 뜻이다. 4절까지 있는데, 주로 1절만 부르므로 아래의 1절만 이해해 두면 좋을 것이다. 음악은 유튜브 등을 통해서 얼마든지 접할 수 있다. 다음 페이지에 추천곡 하나를 더 싣는다.

♪ 蛍の光 ♪

蛍(ほたる)の 光(ひかり) 窓(まど)の 雪(ゆき)

書(ふみ) 読(よ)む 月日(つきひ) 重(かさ)ねつつ

何時(いつ)しか 年(とし)も すぎの戸(と)を

開(あ)けてぞ 今朝(けさ)は 別(わか)れゆく

単語

蛍(ほたる) 반딧불이, 光(ひかり) 빛, 窓(まど) 창, 雪(ゆき) 눈, 書(ふみ) 글월, 読(よ)む 읽다, 月日(つきひ) 세월, 시일, 重(かさ)ねる 거듭하다, 何時(いつ) 언제, 年(とし) 해, すぎる 지나가다, 杉(すぎ) 삼나무, 戸(と) 문, 開(あ)ける 열다, 今朝(けさ) 오늘 아침

♪ 四季(しき)の歌(うた) ♪

芹洋子(せりようこ)

春(はる)を愛(あい)する人(ひと)は 心清(こころきよ)き人(ひと)
すみれの花(はな)のような 僕(ぼく)の友(とも)だち

夏(なつ)を愛(あい)する人(ひと)は 心強(こころつよ)き人(ひと)
岩(いわ)をくだく波(なみ)のような 僕(ぼく)の父親(ちちおや)

秋(あき)を愛(あい)する人(ひと)は 心深(こころふか)き人(ひと)
愛(あい)を語(かた)るハイネのような 僕(ぼく)の恋人(こいびと)

冬(ふゆ)を愛(あい)する人(ひと)は 心広(こころひろ)き人(ひと)
根雪(ねゆき)をとかす大地(だいち)のような 僕(ぼく)の母親(ははおや)

ラララララ ···············

単語

四季の歌(しきのうた) 사계절의 노래, 春(はる) 봄, 愛(あい)する 사랑하다, 清(きよ)い 맑다, すみれの花(はな) 제비꽃, 僕(ぼく) 나, 夏(なつ) 여름, 岩(いわ) 바위, くだく 부수다, 波(なみ) 파도, 父親(ちちおや) 아버지, 秋(あき) 가을, 深(ふか)い 깊다, 語(かた)る 읊다, 말하다, 恋人(こいびと) 연인, 애인, 冬(ふゆ) 겨울, 広(ひろ)い 넓다, 根雪(ねゆき) 잔설, 근설, とかす 녹이다, 大地(だいち) 대지, 母親(ははおや) 어머니

第14課 4月 入学式

四月は旧暦では「卯月(うづき)」とも言います。十二支(じゅうにし)の四番目が「卯(う)」、つまりうさぎなので「卯月」と言われるようになったと言われていますが、「苗植月(なえうえづき)」が変化したものだ、などの説もあります。

日本で四月は新しいことが始まる月です。学生達にとって象徴的なのは入学式です。日本の学校は四月から新しい学期が始まるので、四月になると各種学校で入学式が行われます。入社式も四月に行われます。三月に学校を卒業した人達は四月から新社会人としての活躍を始めます。

四月は花見の季節でもあります。梅や桃の花見もありますが、花見と言えば、普通は桜の花見を指します。桜は大体四月に咲きますので、花見は四月の行事と言えるのです。家族や友人、会社の同僚などが桜の木の下に集まって、桜の花を観賞しながら楽しい一時(ひととき)を過ごします。花見の時はよく食べ物と飲み物を持っていきます。飲み物はお酒が多いです。花見をしながら飲む酒は「花見酒(はなみざけ)」と言います。あちらこちらでどんちゃん騒ぎの風景が見られます。夜に花見をすることを指して「夜桜見物(よざくらけんぶつ)」と言います。

花見には団子が付き物ですが、これを「花見団子(はなみだんご)」と言います。花をイメージした華やかな色彩のカラフルな団子です。「花より団子」という諺(ことわざ)は花見団子から来ています。花を観賞するというのは名目上のことで、実質は飲み食いすることが中心の行動を喩えたものです。

同じ日に桜の開花が予想される地域を結んだ線を「桜前線(さくらぜんせん)」と呼びます。「梅雨前線(ばいうぜんせん)」に因んだ表現です。桜前線は暖かい南の方から徐々に北に向かって進みます。桜の木で花が5輪以上咲いた日を「開花日(かいかび)」と言い、80%以上咲いた日を「満開日(まんかいび)」と言います。

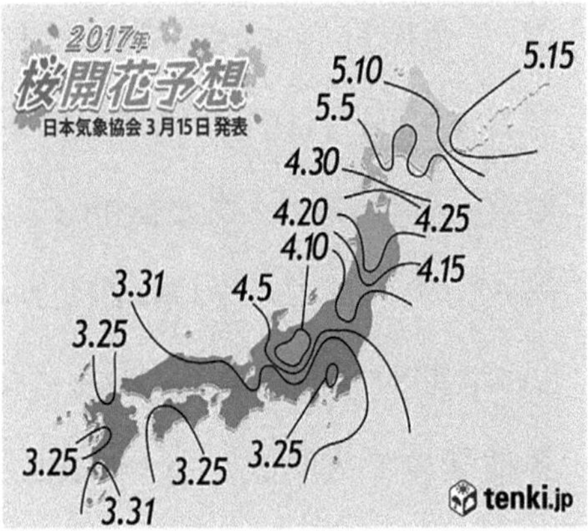

語句

卯月（うづき）：우즈키. 4월. 원래는 음력 4월을 나타냈으나 지금은 양력도 같이 나타내고 있다.

十二支（じゅうにし）：십이지. 십간십이지의 십이지.

苗植月（なえうえづき）：모종 심는 달

花見（はなみ）：꽃놀이. 기본적으로 벚꽃을 감상하는 것을 지칭한다.

花見酒（はなみざけ）：꽃놀이 술. 꽃놀이를 하면서 즐기는 술.

どんちゃん騒ぎ（どんちゃんさわぎ）：야단법석을 떪. 야단법석.

夜桜見物（よざくらけんぶつ）：밤 벚꽃놀이

花見団子（はなみだんご）：꽃놀이 경단

付き物（つきもの）：부속물. 으레 따르게 마련인 것.

花より団子（はなよりだんご）：꽃보다 경단. 금강산도 식후경.

飲み食いする（のみくいする）：먹고 마시다

桜前線（さくらぜんせん）：벚꽃전선. 벚꽃의 개화일이 동일한 지점을 이은 선.

梅雨前線（ばいうぜんせん）：장마전선.「梅雨」는 기본적으로「つゆ」라고 읽는데,「장마전선」일 때는「ばいう」라고 읽는다.

開花日（かいかび）：개화일

満開日（まんかいび）：만개일

해석

제14과 4월 입학식

4월은 음력으로는 「우즈키」라고도 합니다. 십이지의 네 번째가 「묘」, 즉 토끼이기 때문에 「묘월(우즈키)」로 불리게 되었다고 전해지고 있습니다만, 「모종 심는 달(나에우에즈키)」가 변화한 것이다, 등의 설도 있습니다.

일본에서 4월은 새로운 것이 시작되는 달입니다. 학생들에게 있어서 상징적인 것이 입학식입니다. 일본의 학교는 4월부터 새로운 학기가 시작되기 때문에, 4월이 되면 각종 학교에서 입학식이 거행됩니다. 입사식도 4월에 실시됩니다. 3월에 학교를 졸업한 사람들은 4월부터 새로운 사회인으로서의 활약을 시작합니다.

4월은 꽃놀이의 계절이기도 합니다. 매화꽃과 복숭아꽃의 꽃놀이도 있습니다만, 꽃놀이라고 하면, 보통은 벚꽃의 꽃놀이를 가리킵니다. 벚꽃은 대개 4월에 피기 때문에 꽃놀이는 4월의 행사라고 할 수 있는 것입니다. 가족이나 친구, 회사의 동료 등이 벚나무 아래에 모여서, 벚꽃을 감상하면서 즐거운 한때를 보냅니다. 꽃놀이 때는 흔히 먹을 것과 마실 것을 가지고 갑니다. 마실 것은 술이 많습니다. 꽃놀이를 하면서 마시는 술은 「꽃놀이 술」이라고 합니다. 여기저기에서 야단법석을 떠는 풍경을 볼 수 있습니다. 밤에 꽃놀이를 하는 것을 가리켜 「밤 벚꽃놀이」라고 합니다.

꽃놀이에는 경단이 으레 따르게 마련인 데, 이것을 「꽃놀이 경단」이라고 합니다. 꽃을 이미지한 화려한 색채의 컬러풀한 경단입니다. 「꽃보다 경단 (금강산도 식후경)」이라는 속담은 꽃놀이 경단에서 비롯된 것입니다. 꽃을 감상한다고 하는 것은 명목상으로 하는 말이고, 실제로는 먹고 마시는 것이 중심인 행동을 비유한 것입니다.

같은 날에 벚꽃의 개화가 예상되는 지역을 이은 선을 「벚꽃전선」이라고 합니다. 「장마전선」에서 따온 말입니다. 벚꽃전선은 따뜻한 남쪽 지역부터 서서히 북쪽을 향하여 진행합니다. 벚나무에서 꽃이 다섯 송이 이상 핀 날을 「개화일」이라고 하며, 80% 이상 핀 날을 「만개일」이라고 합니다.

노트 動詞

예외적인 1류동사

히라가나로 쓰면 2류동사의 형태를 하고 있으나 실제로는 1류동사에 속하는 것이 있다. 이들은 한자로 표기할 때 어미 「る」만 오쿠리가나로 쓰는 것이 원칙이다. 예를 들면 「かえる」의 경우, 「帰る」는 1류동사이고, 「変える」는 2류동사이다. 단, 「混じる」와 같이 「混ざる」와의 구분을 위하여 2류동사와 같은 표기를 하는 경우가 드물게 있다. 아래에 제시한 것은 일본어능력시험에서 취급되는 동사 중에서 예외적인 1류동사에 속하는 수준별 동사의 거의 전수이다.

<N5, N4, N3 수준>

要る（いる）：필요하다
切る（きる）：자르다
知る（しる）：알다
滑る（すべる）：미끄러지다
握る（にぎる）：꼭 쥐다
入る（はいる）：들어가다
減る（へる）：줄어들다
見入る（みいる）：지켜보다. 주시하다.
帰る（かえる）：돌아오다. 돌아가다.
蹴る（ける）：차다
しゃべる：말하다. 수다 떨다.「喋る」
散る（ちる）：떨어지다
煮る（にる）：삶다
走る（はしる）：달리다
参る（まいる）：「가다」의 겸양어
横切る（よこぎる）：가로지르다

<N2 수준>

焦る（あせる）：초조하게 굴다
裏切る（うらぎる）：배신하다
限る（かぎる）：한정하다
区切る（くぎる）：구분하다
締め切る（しめきる）：마감하다
ちぎる：잘게 찢다.「千切る」
縮む（ちぢむ）：오그라들다
照る（てる）：밝게 비치다. 날이 개다.
張り切る（はりきる）：힘이 넘치다
引っくり返る（ひっくりかえる）：뒤바뀌다. 넘어지다.
ひねる：비틀다. 뒤틀다.「捻る」
混じる（まじる）：섞이다.「交じる」로도 씀.
煎る（いる）：볶다. 지지다.
返る（かえる）：되돌아오다
かじる：갉아먹다.「齧る」
茂る（しげる）：우거지다
湿る(しめる)：축축해지다. 눅눅해지다.
契る（ちぎる）：굳게 약속하다
つねる：꼬집다.「抓る」
ねじる：비틀다.「捩る」
耽る（ふける）：열중하다. 푹 빠지다.

<N1 수준>

弄る（いじる）：주무르다．만지다．
打ち切る（うちきる）：중지하다．자르다．
生い茂る（おいしげる）：무성해지다．우거지다．
押し切る（おしきる）：눌러 자르다．강행하다．무릅쓰다．
恐れ入る（おそれいる）：황송하다
かみ切る（かみきる）：물어 끊다．「噛み切る」
遮る（さえぎる）：막다．차단하다．
仕切る（しきる）：칸막이하다．셈을 끊다．
しくじる：실패하다
湿気る（しける）：습기가 차다．「しっける」로도 읽음．
詰る（なじる）：힐책하다．따지다．
練る（ねる）：반죽하다．단련하다．
罵る（ののしる）：욕을 퍼붓다．매도하다．
振り返る（ふりかえる）：돌아다보다
むしる：쥐어뜯다．살을 발라내다．「毟る」
蘇る（よみがえる）：되살아나다．소생하다．

早口言葉(はやくちことば)

「なまむぎ　なまごめ　なまたまご」
生麦　生米　生卵
(생보리 생쌀 날계란)

「となりの　きゃくは　よく　かき　くう　きゃくだ」
隣の客は　よく柿食う客だ。
(옆에 있는 손님은 감을 잘 먹는 손님이다)

「くつ　いくつ　かう　くつ　いつつ　かう」
靴いくつ買う　靴五つ買う。
(신발 몇 켤레 살 거야? 신발 다섯 켤레 살 거야)

「うりうりが　うりうりにきて　うりうりかえる　うりうりのこえ」
瓜売りが　瓜売りに来て　瓜うり帰る　瓜売りの声
(참외장사가 참외 팔러 왔다가 참외 사려 외치면서 멀어져 가는 참외장사의 목소리)

「つつじの　つぼみを　つつみに　つつんで　つっぱしっていく」
つつじのつぼみを　包みに包んで　突っ走っていく。
(진달래 꽃봉오리를 보자기에 싸서 냅다 달려간다)

「とうきょう　とっきょ　きょかきょく」
東京特許許可局
(도쿄특허허가국)

「ぼうずが　びょうぶに　じょうずに　ぼうずのえをかいた」
坊主が　屏風に　上手に　坊主の絵を描いた。
(스님이 병풍에 능숙하게 스님의 그림을 그렸다)

「あかさかあたりは　わりあい　あたたかかった」

赤坂辺りは　割合　暖かかった。

(아카사카 부근은 대체로 따뜻하였다)

「ろうにゃくなんにょ　こつそしょうしょう」

老若男女　骨粗鬆症

(남녀노소 골다공증)

「しかくい　しんかんかく　しんかんせん」

四角い　新感覚　新幹線

(사각형 신감각 신칸센)

「なまなまず　なまなまこ　なまなめこ」

生なまず　生なまこ　生なめこ

(생메기 생해삼 생버섯)

「このすしは　すこし　すが　ききすぎた」

この寿司は　少し　酢が　効きすぎた。

(이 초밥은 식초가 좀 많이 들어갔다)

単語

早口言葉(はやくちことば) 하야쿠치고토바. 빨리 말하기 연습, 生卵(なまたまご) 날계란, 柿(かき) 감, 靴(くつ) 신발, 瓜(うり) 참외, つつじ 진달래, つぼみ 꽃봉오리, つつみ 보자기, 許可局(きょかきょく) 허가국, 坊主(ぼうず) 중, 스님, 屏風(びょうぶ) 병풍, 赤坂(あかさか) 아카사카, 割合(わりあい) 비교적 老若男女(ろうにゃくなんにょ) 남녀노소 骨粗鬆症(こつそしょうしょう) 골다공증, なまず 메기, なまこ 해삼, なめこ 나메코버섯, 酢(す) 식초

第15課 5月 こどもの日

五月は「皐月(さつき)」とも言います。早苗(さなえ)を植える時期を表す「早苗月(さなえづき)」を略したものだと言われています。

五月の行事と言えば「こどもの日」です。こどもの日は男女の別なくお祝いする日となっていますが、実際は3月3日の「ひな祭り」が女の子のためのこどもの日で、5月5日は主に男の子のためのこどもの日です。元々は「端午(たんご)の節句(せっく)」でした。

男の子がいる家では「こいのぼり」を立てたりします。「こいのぼり」は「登竜門(とうりゅうもん)」という言葉の語源になっている、黄河(こうが)の竜門(りゅうもん)を登りきった鯉(こい)に関する中国の昔話が由来だと言われています。その竜門を登りきった鯉は竜になったとのことです。

五月にはゴールデンウィークがあります。ゴールデンウィークとは四月末から五月初旬にかけて多くの祝日が重なった大型連休(おおがたれんきゅう)のことです。4月29日は

「昭和の日」、5月3日は「憲法記念日」、5月4日は「みどりの日」、5月5日は「こどもの日」で、国民の祝日になっています。これらと土日がうまくつながると一週間以上の大型連休が生まれます。

五月の第2日曜日は「母の日」です。母の日は日ごろの母の苦労を労い、母への感謝を表す日です。「母の日」は世界の国によって日付が異なります。しかし、五月の第2日曜日が最も多く、日本、アメリカ、オーストリア、オーストラリア、ドイツ、中国などがこの日に当たります。六月の第3日曜日は「父の日」です。

語句

こどもの日 (こどものひ) : 어린이날. 국민의 경축일로 지정된 5월5일이 어린이날이다. 아이들의 인격을 존중하고 어린이들의 행복을 도모한다는 취지로 제정되었다. 형식적으로는 남녀공통이지만, 실질적으로는 남자아이의 어린이날이다. 3월 3일 히나마쓰리가 실질적인 여자아이의 어린이날이다.

皐月 (さつき) : 사쓰키. 원래는 음력 5월의 별칭이지만, 지금은 양력으로도 사용하고 있다.

早苗 (さなえ) : 볏모

早苗月 (さなえづき) : 모내기하는 달. 음력 5월의 다른 이름.

端午の節句 (たんごのせっく) : 단오절. 5월 5일의 명절.

こいのぼり (鯉のぼり) : 고이노보리. 잉어깃발. 종이나 천 등으로 잉어 모양을 만들어 단오절 때에 장대에 높이 다는 것.

登竜門 (とうりゅうもん) : 등용문. 중국 황하강의 용문을 올라간 잉어는 용이 된다고 하는 얘기에서 비롯되어, 힘들기는 하여도 난관을 돌파하면 입신출세할 수 있다는 관문.

黄河 (こうが) : 황하. 황하강. 중국에서 두 번째로 큰 강. 중국에서 가장 긴 강은 양자강(원래 명칭은 장강)이다.

竜門 (りゅうもん) : 용문. 중국 황하강 중류의 급류.

大型連休 (おおがたれんきゅう) : 대형연휴

母の日 (ははのひ) : 어머니의 날. 어머니에게 감사하는 날. 5월 제2일요일. 미국식.

父の日 (ちちのひ) : 아버지의 날. 아버지에게 감사하는 날. 6월 제3일요일. 미국식.

해석

제15과 5월 어린이날

5월은 「사쓰키」라고도 합니다. 볏모를 심는 시기를 나타내는 「사나에즈키 (모내기 하는 달)」을 줄인 말이라고 전해지고 있습니다.

5월의 행사로 말하자면 「어린이날」입니다. 어린이날은 남녀의 구별 없이 축하하는 날로 되어 있습니다만, 실제로는 3월 3일의 「히나마쓰리」가 여자아이를 위한 어린이날이고, 5월 5일은 주로 남자아이를 위한 어린이날입니다. 원래는 「단오절」이었습니다.

남자아이가 있는 집에서는 「잉어깃발」을 세우기도 합니다. 「잉어깃발」은 「등용문」이라는 말의 어원이 되어 있는, 황하의 용문을 끝까지 올라간 잉어에 관한 중국의 옛날이야기가 유래라고 합니다. 그 용문을 끝까지 올라간 잉어는 용이 되었다고 합니다.

5월에는 황금연휴가 있습니다. 황금연휴란 4월말부터 5월 초순에 걸쳐서 많은 경축일이 모인 대형연휴를 말합니다. 4월 29일은 「쇼와의 날」, 5월 3일은 「헌법기념일」, 5월 4일은 「녹음의 날」, 5월 5일은 「어린이날」로, 국민의 경축일이 되어 있습니다. 이들과 토요일, 일요일이 잘 연결이 되면, 일주일 이상의 대형연휴가 생깁니다.

5월의 제2일요일은 「어머니의 날」입니다. 어머니의 날은 평상시의 어머니의 고생을 위로하고, 어머니에의 감사를 표시하는 날입니다. 「어머니의 날」은 세계의 나라에 따라 날짜가 다릅니다. 그러나 5월의 제2일요일이 가장 많은데, 일본, 미국, 오스트리아, 오스트레일리아, 독일, 중국 등이 이날에 해당합니다. 6월의 제3일요일은 「아버지의 날」입니다.

노트 能力試験②

日本語能力試験 問題例 N4

일본어능력시험의 수준을 가늠하기 위하여 N4의 문제 예를 주관 부서인 일본 국제교류기금이 발표한 가이드북에서 발췌, 편집하여 싣는다.

(1) ＿＿＿＿＿の　ことばは　どう　よみますか。

< あには　バスで　会社に　通って　います。 >

1　むかって　　2　かよって　　3　わたって　　4　もどって

(2) ＿＿＿＿＿の　ことばは　どう　かきますか。

< 毎日　ラジオで　おんがくを　聞いています。 >

1　音楽　　2　立楽　　3　音薬　　4　立薬

(3) (　　　　　) に　なにを　いれますか。

< スーパーで　もらった　(　　　　　) を　見ると、何を　買ったか　わかります。 >

1　レジ　　2　レシート　　3　おつり　　4　さいふ

(4) ＿＿＿＿＿の　ぶんと　だいたい　おなじ　いみの　ぶんは　どれですか。

< パスポート　ばんごうを　しらせて　ください。 >

1　パスポート　ばんごうを　うつして　ください。

2　パスポート　ばんごうを　なおして　ください。

3　パスポート　ばんごうを　きめて　ください。

4　パスポート　ばんごうを　おしえて　ください。

(5)「じゅうしょ」の　つかいかたで　いちばん　いい　ものを　えらんで　ください。

1　としょかんの　となりの　じゅうしょは　ゆうびんきょくです。

2　あしたの　かいぎの　じゅうしょは　5かいです。

3　ここに　あなたの　うちの　じゅうしょを　かいてください。

4　わたしに　Eメールの　じゅうしょを　おしえてください。

(6) (　　　　　) に　何を　入れますか。

A「わたしの　けしゴム、見ませんでしたか。」

B「あ、つくえの　下に　(　　　　　) よ。」

1　おちて　います　　　2　おちて　いません
3　おちます　　　4　おちません

(7)　＿＿★＿＿に　入る　ものは　どれですか。

< 山田(やまだ)さんは　＿＿＿　＿★＿　＿＿＿　＿＿＿　です。>

1　上手(じょうず)　　　2　ギターも　　　3　ひけるし　　　4　歌(うた)も

(8) つぎの文章(ぶんしょう)を読んで、質問に答えてください。

コーヒーが好きな人に、便利なお店を紹介(しょうかい)します。「中野コーヒー」では、インターネットでコーヒーを買うことができます。コーヒーを送ってもらうには、普通(ふつう)200円かかりますが、500グラム以上頼(たの)むと、ただになります。そして、500グラム以上買うと、200円安くなります。お店でコーヒーを選(えら)ぶのも楽しいですが、忙(いそが)しいときなど、一度利用してみませんか。

<インターネットで、「中野コーヒー」から100グラム400円のコーヒーを500グラム買いたいです。いくらになりますか。>

1　1,700円　　　2　1,800円　　　3　2,000円　　　4　2,200円

もんだい　つぎの文章(ぶんしょう)を読んで、質問に答えてください。(9−12)

日本では、むかしから引(ひ)っ越(こ)しをしたとき、近所の家へあいさつに行く習慣(しゅうかん)があります。「これからいろいろお世話になります。どうぞよろしくお願(ねが)いします。」という意味です。

アパートやマンションでは、自分の部屋(へや)の隣(となり)に住んでいる人や、上の部屋(へや)と下の部屋(へや)に住んでいる人などにあいさつをします。引(ひ)っ越(こ)しをしたら、すぐにあいさつに行きましょう。あいさつに行くときは、小さな品物を持って行くことが多いです。例(たと)えば、タオルやせっけん、おかしなどです。しかし、大事なのはあいさつをすることなのですから、どんな物を持って行くかはあまり心配(しんぱい)しなくてもいいです。あいさつに行ったけれども、留守(るす)だったときは、あいさつのことばを書いた①<u>手紙などを玄関(げんかん)のポストに入れておく</u>のがいいです。

最近は、「引っ越しのあいさつ」をしない人も多くなっています。特に、一人で住むときは、あいさつをしない人がたくさんいます。しかし、私は「引っ越しのあいさつ」は、やはりいい習慣だと思います。

(9) 日本では、引っ越しをしたとき、どんな習慣がありますか。

1 小さな物を持って近所にあいさつする。

2 隣の人に何か小さな物を渡す。

3 隣の人にあいさつの手紙を書いて出す。

4 あいさつの手紙を自分の家の玄関にはる。

(10) どうして「引っ越しのあいさつ」をしますか。

1 アパートなどに住むときは、ほとんどの人がしているから。

2 引っ越しをしたら、必ずしなければならないから。

3 「これからここに住みます」と知らせないと、失礼だから。

4 「よろしくお願いします」という気持ちを伝えたいから。

(11) ①手紙などを玄関のポストに入れておくのはどうしてですか。

1 あいさつに来たことを知らせたいから。

2 あとで品物を取りにきて欲しいから。

3 暇なときに遊びに来て欲しいから。

4 あとで連絡してもらいたいから。

(12) 最近は、どんな人が増えていますか。

1 一人で住む人

2 ほかの人と住む人

3 「引っ越しのあいさつ」をする人

4 「引っ越しのあいさつ」をしない人

정답

(1) 2 (2) 1 (3) 2 (4) 4 (5) 3 (6) 1 (7) 3 (8) 2 (9) 1 (10) 4 (11) 1 (12) 4

상식더하기

일본인의 성씨는 참 재미있다. 지명과 인명이 같이 쓰이는 경우도 매우 많다. 다음 기사를 보면 오사카시, 나라시와 똑같은 한자와 지명이 그대로 인명으로 쓰이고 있음을 알 수 있다.

大坂が２回戦へ＝奈良はハレプに敗れる－ウィンブルドンテニス

【ウィンブルドン（英国）時事】テニスのウィンブルドン選手権第２日は３日、ロンドン郊外のオールイングランド・クラブで行われ、女子シングルス１回戦で第18シードの大坂なおみ（日清食品）はモニカ・ニクレスク（ルーマニア）を６－４、６－１で下し、２年連続で初戦を突破した。２回戦でケイティ・ボールター（英国）と戦う。

奈良くるみ（安藤証券）は、全仏オープンを制した第１シードのシモナ・ハレプ（ルーマニア）にストレート負けした。（2018/07/04）

<写真> 女子シングルス１回戦でリターンショットを放つ大坂なおみ＝３日、英国・ウィンブルドン（EPA時事）

(해석)

오사카가 2회전에 = 나라는 파레프에 패하다 – 윔블던테니스

【윔블던(영국) 시사】 테니스의 윔블던선수권 2일째는 3일, 런던 교외에 있는 올잉글랜드클럽에서 진행되어 여자 싱글 1회전에서 제18시드인 오사카 나오미(닛신식품)는 모니카·니크레스크(루마니아)를 6-4, 6-1로 격파하고, 2년 연속으로 첫 시합을 돌파하였다. 2회전에서 케이티·볼터(영국)와 대전한다.

나라 구루미(안도증권)는, 프랑스오픈을 제패한 제1시드의 시모나·파레프(루마니아)에 스트레이트로 패했다. (2018/07/04)

<사진> 여자 싱글 1회전에서 리턴 샷을 치는 오사카 나오미 = 3일, 영국 윔블던 (EPA시사)

第16課 6月 衣替え

六月は「水無月(みなづき)」とも言います。文字だけを見ると「水のない月」のように見えますが、実はその逆です。陰暦の六月は梅雨時(つゆどき)です。ですから、一年で雨が一番多く降り、水が一番豊富な月です。「水無月」は元々は「水の月」でした。「無」は「の」に当たる助詞の当て字として使うことがあったようです。それで、「水無月」は「水の無い月」ではなく、「水の月」ということになります。

六月は「衣替え」の月です。「衣替え」は「衣更え」「更衣」などとも書きますが、季節の変わりに応じて衣服を替えることです。日本では多くの地域や職種、学校などで、毎年6月1日と10月1日に一斉に衣替えが行われます。

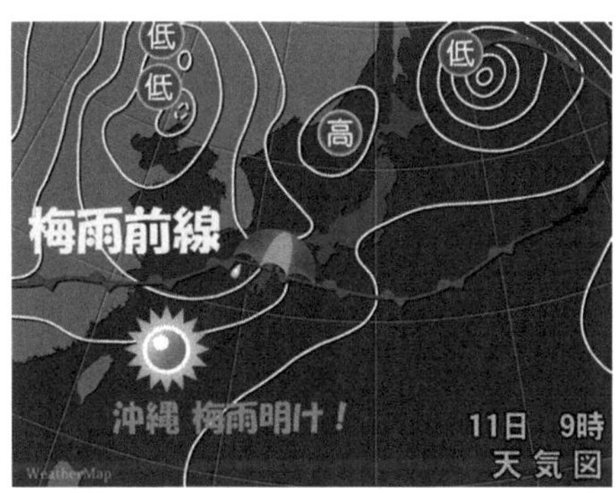

六月は梅雨に入る「梅雨入り」の時期でもあります。「梅雨明け」は七月になります。「梅雨」という表記はちょうど梅の実が熟すころに雨が集中して降るのでこの名が与えられました。約一ヶ月間続く梅雨の期間はうっとうしくはありま

すが、田植(たう)えをする農家にとっては非常に重要な時期です。

「梅雨前線(ばいうぜんせん)」は南の方から北上する梅雨の前線です。読み方に要注意です。「五月雨(さみだれ)」は五月頃に降る長雨のことを言いますが、ここでの「五月」というのは陰暦のことで、今風に言えば「梅雨」のことです。梅雨の合間に晴れることを「五月晴れ(さつきばれ)」と言いますが、この「五月」も今の六月です。しかし現在は五月の晴れ日にも用いられています。

6月の21日頃は夏至(げし)です。一年で昼間が最も長く、夜が最も短い日です。

語句

衣替え（ころもがえ）: 고로모가에. 철 따라 옷을 갈아입음. 비유적으로 「새로 단장하다」라는 뜻으로도 쓴다. 店の内部を衣替えする。(가게의 내부를 새로 단장하다)

水無月（みなづき）: 미나즈키. 음력 6월의 딴이름. 지금은 양력에도 쓴다. 「水の月(물의 달)」이라는 뜻이다.

梅雨時（つゆどき）: 장마철. 장마가 이어지는 기간.

当て字（あてじ）: 아테지. 차자. 한자 본래의 뜻과는 상관없이, 그 음이나 훈을 빌려 어떤 말을 표기하는 한자.

梅雨入り（つゆいり）: 장마 시작. 장마철로 접어듦. 「入梅(にゅうばい)」라고도 한다.

梅雨明け（つゆあけ）: 장마 끝. 장마가 끝남. 「梅雨上がり」「出梅(しゅつばい)」라고도 한다.

梅雨前線（ばいうぜんせん）: 장마전선

五月雨（さみだれ）: 장맛비

五月晴れ（さつきばれ）: 장마철의 갠 날씨

夏至（げし）: 하지. 「동지」는 「冬至(とうじ)」

해석

第16과 6월 고로모가에

6월은 「미나즈키」라고도 합니다. 문자만 보면 「물이 없는 달」처럼 보입니다만, 실은 그 반대입니다. 음력 6월은 장마철입니다. 그러니까, 1년 중에서 비가 가장 많이 내리고, 물이 가장 풍부한 달입니다. 「미나즈키」는 원래 「물의 달」이었습니다. 「無」는 「の」에 해당하는 조사의 아테지로 사용하는 경우가 있었던 것 같습니다. 그래서 「미나즈키」는 「물이 없는 달」이 아니라, 「물의 달」이 되는 것입니다.

6월은 「고로모가에」의 달입니다. 「고로모가에」는 「衣更え」「更衣」 등으로도 쓰는데, 계절이 바뀜에 따라 의복을 바꾸는 것입니다. 일본에서는 많은 지역과 직종, 학교 등에서 매년 6월 1일과 10월 1일에 일제히 고로모가에가 실시됩니다.

6월은 장마에 들어가는 「장마 시작」의 시기이기도 합니다. 「장마 끝」은 7월이 됩니다. 「梅雨」라고 하는 표기는 바로 매실이 익어갈 무렵에 비가 집중하여 내리기 때문에 이 이름이 붙여졌습니다. 약 1개월간 계속되는 장마철은 칙칙하기는 하지만, 모내기를 하는 농가에 있어서는 매우 중요한 시기입니다.

「장마전선」은 남쪽에서 북상하는 장마의 전선입니다. 읽기에 주의할 필요가 있습니다. 「사미다레」는 5월경에 내리는 긴 비를 말하는데, 여기에서의 「5월」이라는 것은 음력을 가리키기 때문에 요즘 식으로 말하자면 「장마」를 말합니다. 장마철 중간 중간에 햇볕이 나는 것을 「사쓰키바레」라고 하는데, 여기에서의 「5월」도 지금의 6월입니다. 그러나 현재는 5월의 맑은 날에도 사용하고 있습니다.

6월의 21일경은 하지입니다. 1년 중에서 낮이 가장 길고, 밤이 가장 짧은 날입니다.

노트 昔話③

浦島太郎

昔、昔、あるところに心のやさしい浦島太郎(うらしまたろう)という若者が住んでいました。魚釣りに出かけたある日のことです。浜辺(はまべ)を歩いていると一匹の亀(かめ)が子供達にいじめられていました。それを見た浦島太郎は子どもたちにお金を渡して亀を助けました。そして、海へ返してやりました。

数日すぎたある日、いつものようにつりをしていると亀が海から出てきました。

「浦島太郎さん、僕はこの間あなたから助けられた亀です。お姫様があなたを竜宮城(りゅうぐうじょう)におつれしなさいというのでお迎えにまいりました」

浦島太郎はさっそく亀のこうらに乗ると海の中に入っていきました。竜宮城(りゅうぐうじょう)はさんごに囲まれ、魚が泳ぐ、それはそれは美しいお城でした。お姫様はとても美しいお方でした。

「ようこそ、浦島さん。わたしは、この竜宮の主人の乙姫(おとひめ)です。このあいだはカメを助けてくださって、ありがとうございます。お礼に、竜宮をご案内します。どうぞ、ゆっくりしていってくださいね」

浦島太郎は、竜宮の広間(ひろま)へ案内されました。

浦島太郎が用意された席に座ると、魚たちが次から次へと美味しそうなごちそうを運んできます。ふんわりと気持ちのよい音楽が流れて、タイやヒラメやクラゲたちの、見事な踊りが続きます。

浦島太郎は時間のたつのも忘れて楽しみました。まるで夢のような毎日でした。

「もう一日、いてください。もう一日、いてください」と、乙姫さまに言われるまま竜宮で過ごすうちに、三年の月日がたってしまいました。

浦島太郎は村のことやお母さんのことを思い出し、心配になりました。

ついに別れの時がやってきました。別れぎわ、お姫様は浦島太郎に小さな玉手箱(たまてばこ)をお土産に手渡しました。

「この中には、浦島さんが竜宮で過ごされた『時』が入っております。これを開けずに持っている限り、浦島さんは年を取りません。ずーっと、今の若い姿のままでいられます。ですが一度開けてしまうと、今までの『時』が戻ってしまいますので、決して開けてはなりませんよ」

「はい、わかりました。ありがとうございます」

乙姫さまと別れた浦島太郎は、また亀に乗って地上へ帰りました。

村に帰った浦島太郎は、どうしたことか自分の家もお母さんも見つけられませんでした。村はすっかり変わっていました。

どうしたらよいかわからなくなってしまった浦島太郎は、自分が暮していた時に戻るかもしれないと思い、玉手箱(たまてばこ)を開けてみることにしました。すると白いけむりがもくもくと出てきて、浦島はあっという間におじいさんになってしまいました。

竜宮城(りゅうぐうじょう)で楽しく過ごしている間に、何百年も時が経ってしまったのです。今どこにいるのか、夢なのかわからなくなってしまいました。

単語

浦島太郎(うらしまたろう) 우라시마 타로, 魚釣(さかなつ)り 고기낚시, 浜辺(はまべ) 해변, 亀(かめ) 거북이, お姫様(ひめさま) 공주님, 竜宮城(りゅうぐうじょう) 용궁성, こうら(甲羅) 등딱지, さんご(珊瑚) 산호, 広間(ひろま) 큰 방, 玉手箱(たまてばこ) 비밀상자, 手渡(てわた)す 건네주다, もくもくと 뭉게뭉게

【번역】 일본의 옛날이야기③

우라시마 타로

옛날, 옛날, 어떤 곳에 마음씨 착한 우라시마 타로라는 젊은이가 살고 있었습니다. 물고기를 잡으러 나간 어느 날의 일입니다. 바닷가를 걷고 있자니 한 마리의 거북이가 아이들에게 괴롭힘을 당하고 있었습니다. 그것을 본 우라시마 타로는 아이들에게 돈을 건네주고 거북이를 구조하였습니다. 그리고 바다에 돌려주었습니다.

며칠이 지난 어느 날, 언제나처럼 낚시를 하고 있는데 거북이가 바다에서 나왔습니다.

「우라시마 타로씨, 나는 요전에 당신이 구조해준 거북이입니다. 공주님이 당신을 용궁성으로 모셔오라고 해서 모시러 왔습니다」

우라시마 타로는 곧바로 거북이의 등에 올라타서 바다 속으로 들어갔습니다. 용궁성은 산호로 둘러싸여 물고기가 헤엄치는 그야말로 아름다운 성이었습니다. 공주님은 무척이나 아름다운 분이었습니다.

「잘 오셨어요, 우라시마씨. 저는 이 용궁의 주인인 공주예요. 요전에는 거북이를 구해주셔서 고마워요. 고마움의 표시로 용궁을 안내해 드릴게요. 부디 느긋하게 지내다 가세요」

우라시마 타로는 용궁의 대전으로 안내 받았습니다.

우라시마 타로가 준비된 자리에 앉자, 물고기들이 연달아 먹음직스런 음식을 가지고 나왔습니다. 살포시 기분 좋은 음악이 흐르고, 도미랑 광어, 해파리들의 멋진 춤이 이어졌습니다.

우라시마 타로는 시간이 흐르는 것도 잊고 즐겼습니다. 마치 꿈속에 있는 듯한 나날이었습니다.

「하루 더 있다 가세요. 하루 더 있다 가세요」하는 공주님의 말씀에 이끌려 용궁에서 지내는 사이에 3년이라는 세월이 흐르고 말았습니다.

우라시마 타로는 마을과 어머니가 생각이 나서 걱정이 되었습니다.

이윽고 헤어질 때가 다가왔습니다. 헤어질 때에 공주님이 우라시마 타로한테 조그마한 비밀상자를 선물로 건네주었습니다.

「이 안에는 우라시마씨가 용궁에서 보내신 『시간』이 들어 있습니다. 이것을 열지 않고 지니고 있는 한, 우라시마씨는 나이를 먹지 않아요. 계속 지금의 젊음을 유지한 채로 있을 수 있습니다. 하지만 한 번 열게 되면 지금까지의 『시간』이 되돌아가버리니까 절대로 열어서는 안 돼요」

「네, 알겠습니다. 고맙습니다」

공주님과 헤어진 우라시마 타로는 다시 거북이를 타고 지상으로 돌아왔습니다.

마을로 돌아온 우라시마 타로는 어찌된 영문인지 자기가 살던 집도 어머니도 찾을 수가 없었습니다. 동네는 완전히 변해 있었습니다.

어찌하면 좋을지 알 수 없게 된 우라시마 타로는, 자신이 살던 시간으로 되돌아갈지도 모른다고 생각하여 비밀상자를 열어보기로 하였습니다. 그랬더니 하얀 연기가 뭉게뭉게 솟아올라, 우라시마는 눈 깜짝할 사이에 할아버지가 되고 말았습니다.

용궁성에서 즐겁게 보낸 동안에 몇 백 년이나 시간이 흘러버린 것입니다. 지금 어디에 있는지, 꿈인지 알 수 없게 되어버렸습니다.

第17課 7月 七夕

七月は陰暦の言い方で「文月(ふみづき)」とも言います。七夕(たなばた)の行事として短冊(たんざく)に願い事を書いたり、書道をたしなんだりすることから「文月」と言われるようになったと伝えられています。ただし、今は陽暦の7月7日が七夕です。

七夕は牽牛(けんぎゅう)と織女(しょくじょ)が年に一度だけ天(あま)の川(がわ)を渡って会うことができる日です。牽牛は彦星(ひこぼし)とも言い、織女は織姫(おりひめ)とも言います。

七夕に因(ちな)んでは全国各地で七夕祭りが行われたりします。ただし、七夕祭りは新暦の7月7日にやる所もあるが、元々は陰暦であったことから月遅(つきおく)れの8月7日に開催する所があるなど、地域ごとに異ります。特に有名なのは仙台の七夕祭りですが、ここは8月初旬に行います。街は豪華な七夕飾りで溢れます。

七月の第3月曜日は「海の日」です。海の恵みに感謝する日です。回りを海で囲まれた日本は海との関連性が特に深いです。海は、魚や貝などの魚介類(ぎょかいるい)、若布(わかめ)や昆布(こんぶ)など豊富な水産物を提供してくれています。

「土用(どよう)」という言葉があります。元々は、立春、立夏、立秋、立冬の前の18日間を土用と言いますが、現在は普通、夏の土用を指します。夏土用は一年の中で暑さが最も厳しい時期です。この期間を暑中と呼び、暑中見舞(しょちゅうみまい)を出したりします。

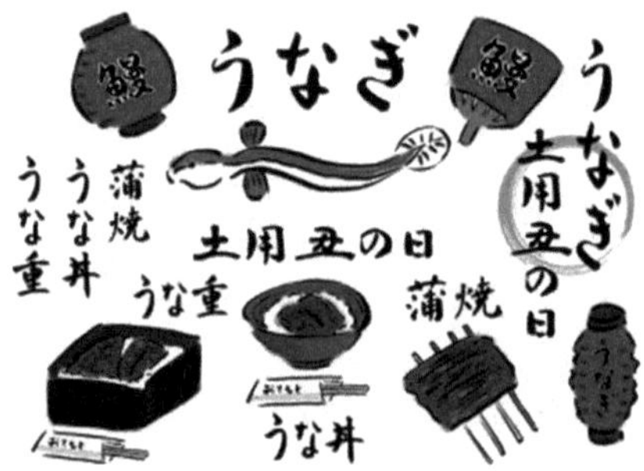

「土用(どよう)の丑(うし)の日(ひ)」というのがあります。土用の期間中にある十二支の「丑(うし)」のつく日のことです。年によっては土用の期間に丑の日が2回訪れることもあります。

この「土用の丑の日」には「う」のつくものを食べる習慣があります。「うどん、梅干し、鰻(うなぎ)」などですが、この中でも鰻が定番です。これを「土用の鰻」と言いますが、今は真夏(まなつ)の行事となっています。結局は栄養を補給して夏ばてをしないための工夫です。

上の絵を見ると鰻料理(うなぎりょうり)がいろいろ書いてありますね。「蒲焼(かばやき)」は鰻を焼いたものです。「鰻丼(うなどん)」は「鰻丼(うなぎどんぶり)を縮めた言い方で、丼(どんぶり)にご飯を入れ、その上に蒲焼を乗せたものです。また、「鰻重(うなじゅう)」は重箱(じゅうばこ)にご飯を入れ、その上に蒲焼を乗せたもので、言い方が違うだけで鰻丼とよく似ていますね。

語句

七夕（たなばた）：칠석. 은하수 양편에 있는 견우와 직녀가 1년에 한 번 만날 수 있는 7월7일의 밤. 그 축제.

文月（ふみづき）：후미즈키. 음력 7월의 다른 이름.

短冊（たんざく）：단자쿠. 시구 등을 쓰기 위한 가늘고 긴 종이. 보통 가로 6센티미터, 세로 36센티미터.

天の川（あまのがわ）：은하수

因む（ちなむ）：말미암다. 연유하다. 관련되다.

月遅れ（つきおくれ）：한 달 늦춤. 음력 행사를 양력의 같은 날에 하지 않고 한 달 뒤로 미루어 행하는 것.

海の日（うみのひ）：바다의 날. 국민의 경축일. 7월 제3월요일. 1996년부터 시행.

魚介類（ぎょかいるい）：어패류. 어류와 조개류 등, 수산동물의 총칭. 여기에서의 「介(かい)」는 「貝(かい)」와 같은 뜻으로, 한국어에서는 「어패류」를 쓰는데 일본어에서는 「어개류」를 쓴다.

土用（どよう）：토왕(土旺). 특히, 입추 전의 18일간을 말하는데, 삼복더위에 해당한다. 일본어에서는 「토용」을 쓰고 한국어에서는 「토왕」을 쓴다.

暑中（しょちゅう）：서중. 한참 더울 때. 입추 전 18일간의 삼복더위.

暑中見舞（しょちゅうみまい）：서중 문안. 삼복더위에 친지나 지인 등에게 보내는 안부 서한이나 엽서.

土用の丑の日（どようのうしのひ）：토왕의 축일(丑日). 이날 일본에서는 주로 장어구이를 먹는다.

定番（ていばん）：기본형 상품. 정해져 있거나, 정평이 있는 것.

土用の鰻（どようのうなぎ）：토왕의 장어. 토왕 때에 먹는 장어구이.

夏ばてする（なつばてする）：여름을 타다

해석

제17과 7월 칠석

7월은 음력 표현으로 「후미즈키」라고도 합니다. 칠석 행사로 단자쿠에 원하는 것을 적거나, 서예를 해 보거나 하기 때문에 「후미즈키」라고 하게 되었다고 전해지고 있습니다. 단, 지금은 양력 7월7일이 칠석입니다.

칠석은 견우와 직녀가 1년에 딱 한 번 은하수를 건너서 만날 수가 있는 날입니다. 견우는 「히코보시」라고도 하고, 직녀는 「오리히메」라고도 합니다.

칠석과 관련해서는 전국 각지에서 칠석 축제가 행해지기도 합니다. 단, 칠석 축제는 양력 7월7일에 하는 곳도 있지만, 원래는 음력이었기 때문에 한 달 뒤로 늦추어 8월7일에 개최하는 곳이 있는 등, 지역마다 다릅니다. 특히 유명한 것은 센다이의 칠석 축제인데, 여기에서는 8월 초순에 실시합니다. 거리는 호화로운 칠석 장식으로 넘쳐납니다.

7월의 제3월요일은 「바다의 날」입니다. 바다의 은혜에 감사하는 날입니다. 주위가 바다로 둘러싸인 일본은 바다와의 관련성이 특히 깊습니다. 바다는 어류라든가 조개류와 같은 어패류, 미역과 다시마 등 풍부한 수산물을 제공해 주고 있습니다.

「토왕」이라는 말이 있습니다. 원래는 입춘, 입하, 입추, 입동 전의 18일간을 토왕이라고 합니다만, 현재는 보통 여름의 토왕을 가리킵니다. 여름 토왕은 1년 중에서 더위가 가장 기승을 부리는 시기입니다. 이 시기를 서중이라고 하여, 서중 문안 서한을 보내거나 합니다.

「토왕의 축일」이라는 것이 있습니다. 토왕의 기간 중에 있는 십이지의 「축」이 붙는 날을 말합니다. 해에 따라서는 토왕의 기간에 축일이 두 번 찾아오는 경우도 있습니다.

이 「토왕의 축일」에는 「우」가 붙는 것을 먹는 습관이 있습니다. 「우동, 우메보시(매실장아찌), 우나기(장어)」 등인데, 이 중에서도 장어가 가장 정평이 나 있습니다. 이것을 「토왕의 장어」라고 해서, 지금은 한여름의 행사가 되어 있습니다. 결국은 영양을 보충하여 여름을 타지 않기 위한 수단입니다.

위의 그림을 보면 장어요리가 여러 가지 쓰여 있지요? 「가바야키」는 장어구이를 말합니다. 「우나동」은 「장어덮밥」을 줄인 말로, 사발에 밥을 넣고 그 위에 장어구이를 얹은 것입니다. 또, 「우나쥬」는 찬합에 밥을 넣고 그 위에 장어구이를 얹은 것으로 표현이 다를 뿐, 우나동과 거의 같지요.

노트 干支

십간십이지 이야기

십간십이지(十干十二支：じっかんじゅうにし)라는 것이 있다. 이것은 중국의 음양오행설에 입각하여 성립한 것이다. 음양오행설은 음양설과 오행설이 하나로 모인 설이다.

음양설(陰陽説：おんみょうせつ)은 만물의 근원이 되는 상반된 성질을 가진 두 가지 것을 말하는데, 예를 들면, 음과 양, 해와 달, 남자와 여자, 낮과 밤, 물과 불, 하늘과 땅처럼 서로 상반되면서도 조화를 이루는 것을 말한다.

오행설(五行説：ごぎょうせつ)은 천지(天地：てんち) 사이에 끊임없이 순환하는 다섯 가지의 기운, 즉 목(木：もく), 화(火：か), 토(土：ど), 금(金：ごん), 수(水：すい)가 온갖 사물을 이루고 또 변화시킨다고 보는 이론이다.

십간은 오행을 각각 음양으로 나누어 배치한 것으로, 주로 사물의 순서를 나타내는데 사용한다.

· 十干(じっかん)：甲(こう)、乙(おつ)、丙(へい)、丁(てい)、戊(ぼ)、
己(き)、庚(こう)、 辛(しん)、壬(じん)、癸(き)

· 십간 : 갑, 을, 병, 정, 무, 기, 경, 신, 임, 계 (한자는 위와 동일)

십이지는 지구상에서 봤을 때 태양이 지나가는 것으로 보이는 길인 황도(黄道：こうどう)를 12등분하여 각각에 12종류의 동물의 이름을 부여한 것으로, 주로 시각이나 방위를 나타낼 때 사용한다.

· 十二支(じゅうにし)：子(ね)、丑(うし)、寅(とら)、卯(う)、辰(たつ)、
巳(み)、午(うま)、未(ひつじ)、申(さる)、酉(とり)、
戌(いぬ)、亥(い)

· 십이지 : 자, 축, 인, 묘, 진, 사, 오, 미, 신, 유, 술, 해 (한자는 위와 동일)

이와 같은 십간과 십이지를 합친 것이 십간십이지이다. 줄여서 간지(干支 : えと)라고 하는데, 간지라고 하면 주로 십간과 십이지를 조합한 것을 가리키며, 한국어에서는 연월일 등을 나타낼 때 일반적으로 사용한다.

일본어에서는 간지(干支 : えと)가 주로 띠를 나타낸다. 그래서 일본어로 띠를 물어볼 때는 다음과 같은 두 가지 방법이 있다.

· 干支(えと)は何ですか。
  (띠가 뭐예요?)
· 何年(なにどし)ですか。
  (무슨 띠예요?)

·「何年」은 「なんねん」이라고 읽으면 「몇 년」이라는 뜻이고 「なにどし」라고 읽으면 「무슨 띠」가 된다.

動物名

기본적인 동물 50종의 명칭을 정리하였다. 한자가 앞에 있는 단어는 한자를 알고 있는 것이 좋고, 한자가 뒤에 있는 것은 참고하라는 뜻이다.

虎	とら	호랑이	豚	ぶた	돼지
熊	くま	곰	いのしし	猪	멧돼지
おおかみ	狼	늑대	羊	ひつじ	양
鹿	しか	사슴	犬	いぬ	개
きつね	狐	여우	猫	ねこ	고양이
たぬき	狸	너구리	鳥	とり	새
いたち	鼬	족제비	鶴	つる	학, 두루미
うさぎ	兎	토끼	つばめ	燕	제비
りす	栗鼠	다람쥐	きじ	雉	꿩
ねずみ	鼠	쥐	きつつき	啄木鳥	딱따구리
もぐら	土竜	두더지	ふくろう	梟	올빼미
はりねずみ	針鼠	고슴도치	からす	烏	까마귀
こうもり	蝙蝠	박쥐	かっこう	郭公	뻐꾸기
フイオン	lion	사자	ほととぎす	不如帰	두견새
猿	さる	원숭이	うぐいす	鶯	꾀꼬리
象	ぞう	코끼리	かささぎ	鵲	까치
らくだ	駱駝	낙타	すずめ	雀	참새
きりん	麒麟	기린	はと	鳩	비둘기
しまうま	縞馬	얼룩말	鶏	にわとり	닭
ひょう	豹	표범	うずら	鶉	메추라기
かば	河馬	하마	あひる	家鴨	오리
くじら	鯨	고래	かもめ	鴎	갈매기
いるか	海豚	돌고래	おうむ	鸚鵡	앵무새
牛	うし	소	がちょう	鵞鳥	거위
馬	うま	말	ろば	驢馬	당나귀

상식더하기

더위를 나타내는 말

일본어에서는 여름의 온도에 따라 더위의 정도를 나타내는 용어가 기상청 용어로 정해져 있다.

· 夏日（なつび）：夏の最高気温が25度以上になる日。
(여름날 : 여름의 최고기온이 25도 이상이 되는 날)

· 真夏日（まなつび）：一日の最高気温が30度以上の日。
(한여름 날 : 하루의 최고기온이 30도 이상인 날)

· 猛暑日（もうしょび）：一日の最高気温が35度以上の日。
(혹서일 : 하루의 최고기온이 35도 이상인 날. 한국어로는 「맹서일」보다는 「혹서일(酷暑日)」이 나을 것으로 보여 필자가 번역한 말이다)

한편, 밤에는 열대야가 있다.

· 熱帯夜（ねったいや）：夜の最低気温が25度より下がらない夜。
(열대야 : 밤의 최저기온이 25도를 내려가지 않는 밤)

第18課 8月 お盆

八月は陰暦の言い方で「葉月(はづき)」とも言います。葉が紅葉して落ちる月という意味の「葉落ち月」から「葉月」になったと言われています。旧暦の八月は今風に考えればもう秋の始まりに当たります。

お盆（ぼん）は、本来の盂蘭盆会(うらぼんえ)と日本古来の五穀豊穣(ごこくほうじょう)を祝う収穫祭(しゅうかくさい)が合わさったものだと考えられています。元々は旧暦の7月15日を中心としたものだったのですが、現在は新暦の8月15日に行われるのが一般的です。

お盆の時は「精進料理(しょうじんりょうり)」を食べる風習があります。「精進(しょうじん)」とは、仏の教えによって修行に努めることですが、肉食を遠ざけて、野菜を中心とした菜食(さいしょく)をすることを「精進料理」と言います。これも修行の一つと考えられています。

八月は祭りの時期でもあります。東北地方の三大祭りである青森の「ねぶた祭り」、仙台の「七夕祭り」、秋田の「竿灯（かんとう）祭り」は、どれも八月初旬に行われます。ちなみに、日本の祭りの代表とされる京都の祇園祭(ぎおんさい)は7月1日から一ヶ月にわたって行われる長い祭りです。花火大会も夏の風

物詩です。

8月11日は「山の日」です。2016年から国民の祝日になりました。山に親しむ機会を得て、山の恩恵に感謝する日です。

八月には全国高等学校野球選手権大会が行われます。朝日新聞社と日本高等学校野球連盟の主催で毎年八月に兵庫県にある阪神甲子園球場で行われる高校野球大会です。通称、「夏の甲子園」と呼ばれます。全国各都道府県で1校ずつですが、北海道と東京都だけは2校で、合計49校が熱戦を繰り広げます。

一方、「春の甲子園」というのもあります。これは毎年3月下旬から4月にかけて甲子園球場で行われる「選抜高等学校野球大会」の通称です。各地区で選抜された32校が参加します。各都道府県の代表としての性格を持つ「夏の甲子園」が「春の甲子園」より人気を集めています。

語句

お盆（おぼん）： 오봉. 백중. 음력 7월15일. 盂蘭盆会(うらぼんえ)의 준말. 지금은 양력 8월15일을 가리키는 것이 보통이다.

葉月（はづき）： 하즈키. 음력 8월의 다른 이름. 지금은 양력을 가리키기도 한다.

盂蘭盆会（うらぼんえ）： 우란분재. 백중맞이.

五穀豊穣（ごこくほうじょう）： 오곡풍양. 오곡이 풍성하게 익음. 오곡이란 원래 다섯 가지의 주요 곡식인 쌀(米:こめ), 보리(麦:むぎ), 조(粟:あわ), 콩(豆:まめ), 수수(黍:きび)를 말하는데, 일반적으로는 곡식을 통틀어서 이른다.

精進料理（しょうじんりょうり）： 쇼진요리. 채소요리.

ねぶた祭り（ねぶたまつり）： 네부타마쓰리. 축제의 한 종류. 아오모리시의 네부타마쓰리가 유명하다.

七夕祭り（たなばたまつり）： 다나바타마쓰리. 칠석 축제. 센다이시의 다나바타마쓰리가 유명하다.

竿灯祭り（かんとうまつり）： 간토마쓰리. 아키타시에서 거행되는 칠석제의 행사.

祇園祭（ぎおんさい）： 기온축제. 교토에서 행하는 축제. 기온마쓰리라고도 한다.

山の日（やまのひ）： 산의 날. 8월 11일. 2016년부터 시행된 경축일.

甲子園球場（こうしえんきゅうじょう）： 고시엔구장. 정식명칭은 「阪神甲子園球場(はんしんこうしえんきゅうじょう)」인데, 통칭 고시엔구장이라고 한다. 효고현에 있는 야구장이다. 阪神電気鉄道(한신전기철도)회사가 소유하고 있고, 阪神タイガース(한신타이거즈)라는 프로야구 구단의 본거지이기도 하다. 고시엔(갑자원)이라는 명칭은 고시엔구장이 완성된 1924년이 십간십이지의 시작인 갑자년(甲子年)이어서 운수가 좋다고 하여 구장 이름을 고시엔(갑자원)구장으로 하고 주변의 지역 이름도 고시엔(갑자원)으로 명명하였다.

夏の甲子園（なつのこうしえん）： 여름 고시엔. 전국고등학교야구선수권대회를 통칭 여름 고시엔이라고 한다.

春の甲子園（はるのこうしえん）： 봄 고시엔. 선발고등학교야구대회의 통칭이다.

해석

제18과 8월 오봉

8월은 음력 표현으로 「하즈키」라고도 합니다. 나뭇잎이 물들어 떨어지는 달이라는 뜻의 「하오치즈키(잎이 떨어지는 달)」에서 「하즈키」가 되었다고 전해지고 있습니다. 음력 8월은 지금 식으로 생각하면 벌써 가을의 시작에 해당합니다.

오봉은, 본래의 우란분재와 일본 고래의 오곡풍양을 기원하는 수확제가 합쳐진 것이라고 알려져 있습니다. 원래는 음력 7월 15일을 중심으로 한 것이었습니다만, 현재는 양력 8월 15일에 행하는 것이 일반적입니다.

오봉 때는 「쇼진요리(채소요리)」를 먹는 습관이 있습니다. 「쇼진」이란 부처님의 가르침을 따라 수행을 열심히 하는 것인데, 육식을 멀리하고 야채를 중심으로 한 채식을 하는 것을 「쇼진요리」라고 합니다. 이것도 수행의 한 가지로 받아들여지고 있습니다.

8월은 축제의 시기이기도 합니다. 도호쿠지방의 3대축제인 아오모리의 「네부타마쓰리」, 센다이의 「다나바타마쓰리」, 아키타의 「간토마쓰리」는, 어느 것이나 8월 초순에 실시됩니다. 덧붙이자면, 일본 축제의 대표격인 교토의 기온축제는 7월 1일부터 1개월에 걸쳐 행하는 긴 축제입니다. 불꽃놀이도 여름의 풍물시입니다.

8월 11일은 「산의 날」입니다. 2016년부터 국민의 경축일이 되었습니다. 산과 친숙해지는 기회를 갖고, 산의 은혜에 감사하는 날입니다.

8월에는 전국고등학교야구선수권대회가 거행됩니다. 아사히신문사와 일본고등학교야구연맹의 주최로 매년 8월에 효고현에 있는 한신고시엔구장에서 열리는 고교야구대회입니다. 통칭 「여름 고시엔」으로 불립니다. 전국 각 도도부현에서 1교씩인데, 홋카이도와 도쿄도만 2개교로, 합쳐서 49개교가 열전을 펼칩니다.

한편, 「봄 고시엔」이라는 것도 있습니다. 이것은 매년 3월 하순에서 4월에 걸쳐 고시엔구장에서 실시되는 「선발고등학교야구대회」의 통칭입니다. 각 지구에서 선발된 32개교가 참가합니다. 각 도도부현의 대표로서의 성격을 지닌 「여름 고시엔」이 「봄 고시엔」보다 인기를 모으고 있습니다.

熟語②

「気」と「心」に関わる表現

＜気＞

気が合う（きがあう）：마음이 맞다
気が置けない（きがおけない）：허물없이 지낼 수 있다
気が重い（きがおもい）：마음이 무겁다. 우울하다.
気が利く（きがきく）：신경을 잘 쓰다. 세련되다.
気が散る（きがちる）：정신이 흐트러지다. 마음이 산란해지다.
気が付く（きがつく）：생각이 미치다. 정신이 들다.
気が強い（きがつよい）：성품이 억세다. 기가 세다.
気が早い（きがはやい）：성급하다
気が短い（きがみじかい）：성질이 급하다
気が弱い（きがよわい）：성품이 온순하다. 소심하다.
気に入る（きにいる）：마음에 들다. 만족하다.
気に掛ける（きにかける）：염려하다. 걱정하다.
気に食わない（きにくわない）：마음에 들지 않다
気に障る（きにさわる）：비위에 거슬리다. 불쾌하게 느끼다.
気にする（きにする）：걱정하다. 마음에 두다.
気になる（きになる）：걱정이 되다. 마음에 걸리다.
気を配る（きをくばる）：두루 마음을 쓰다. 배려하다.
気を使う（きをつかう）：신경을 쓰다. 주의하다.
気を付ける（きをつける）：조심하다. 주의하다.
気を揉む（きをもむ）：마음을 졸이다. 조바심하다. 애태우다.

＜心＞

心置き無く（こころおきなく）：거리낌 없이. 기탄없이.

心掛けが良い（こころがけがよい）：마음가짐이 좋다

心が弾む（こころがはずむ）：마음이 들뜨다

心する（こころする）：조심하다. 주의하다. 마음을 쓰다.

心なしか（こころなしか）：그렇게 생각해서인지. 생각 탓인지.

心に垣をせよ（こころにかきをせよ）：마음에 울타리를 쳐라. 방심하지 말고 조심하라.

心に留める（こころにとめる）：마음에 담다

心にも無い（こころにもない）：마음에도 없다. 본심이 아니다.

心の旅路（こころのたびじ）：마음의 여로

心を合わせる（こころをあわせる）：마음을 합하다. 협력하다.

心を致す（こころをいたす）：정성을 다하다. 마음을 쓰다.

心を入れ替える（こころをいれかえる）：마음을 고쳐먹다

心を動かす（こころをうごかす）：마음을 움직이다

心を奪われる（こころをうばわれる）：마음을 빼앗기다

心を鬼にする（こころをおににする）：마음을 독하게 먹다

心を配る（こころをくばる）：배려하다. 마음을 쓰다.

心を籠める（こころをこめる）：정성을 들이다

心を使う（こころをつかう）：마음을 쓰다

心を許す（こころをゆるす）：마음을 허락하다. 믿다.

心を寄せる（こころをよせる）：호의를 갖다

第19課 9月 中秋の名月

九月は陰暦の言い方で「長月(ながつき)」と言います。日増しに夜が長くなるので「夜が長い月」が「夜長月(よながつき)」に、それが「長月」になったと言われています。

9月9日は「重陽の節句」です。「九」という陽の数が重なることから「重陽(ちょうよう)」と言います。奇数(きすう)が陽の数ですが、昔から「九」が重なる9月9日は大変めでたい日とされていました。この時は菊の酒を飲んだりしたので「菊の節句」とも言います。

陰暦で8月15日の月を「中秋の名月」と言います。今は大体九月辺りです。「十五夜(じゅうごや)」とも言います。旧暦では1月から3月を春、4月から6月を夏、7月から9月を秋、10月から12月を冬としていました。旧暦の7月、8月、9月は秋に当たり、8月はその二番目にありますから「仲秋(ちゅうしゅう)」とも言います。「仲」は「伯仲叔季(はくちゅうしゅくき)」の「仲」です。その中でも真ん中にある15日が「中秋(ちゅうしゅう)」になります。「中秋の名月」というのは「秋の真ん中に出る満月」の意味です。

十五夜の時は月を見ながら飲食を楽しむ風習があります。これを「月見(つきみ)」と言います。すすきを飾ったり、満月がよく見える所に座を敷き、月見団子(つきみだんご)、枝豆(えだまめ)、里芋(さといも)、栗(くり)、柿(かき)などを食べながら月見酒(つきみざけ)を飲んだりします。

9月の第3月曜日は「敬老の日」です。多年にわたり社会につくしてきたお年寄りを敬い、長寿を祝う日です。

9月23日辺りは「秋分の日」です。この日に昼と夜の長さが等しくなり、翌日から昼は短くなり、夜は長くなります。

語句

中秋（ちゅうしゅう）：중추. 음력 8월 15일. 한국에서는「仲秋」로 쓰기도 한다.

長月（ながつき）：나가쓰키. 음력 9월을 나타내는 말.

重陽の節句（ちょうようのせっく）：중양절. 양의 숫자라고 하는 9가 겹친다는 뜻으로 중국에서는 매우 중요한 행사이다. 일본에서는 나라시대부터 행해졌다고 한다.

奇数（きすう）：기수. 홀수. 2로 나눌 수 없는 정수.

偶数（ぐうすう）：우수. 짝수. 2로 나눌 수 있는 정수.

菊の節句（きくのせっく）：국화절. 음력 9월 9일. 중양절의 다른 이름.

伯仲叔季（はくちゅうしゅくき）：백중숙계. 형제가 태어난 순서를 나타내는 말로, 백은 장남, 중은 차남, 숙은 삼남, 계는 막내를 나타낸다.「伯仲の間（はくちゅうのかん）」이라고 하면 백중지간, 백중지세, 즉, 우열을 가리기 힘듦을 가리킨다.

中秋の名月（ちゅうしゅうのめいげつ）：중추명월. 음력 8월 15일 밤의 달.「仲秋の名月(ちゅうしゅうのめいげつ)」라고도 한다.

十五夜（じゅうごや）：십오야. 음력 8월15일의 밤. 음력으로 가을인 7월, 8월, 9월의 한 가운데에 있기 때문에「仲秋」또는「中秋」라고도 한다.

仲秋（ちゅうしゅう）：중추. 가을 3개월의 한 가운데라는 뜻이므로 음력 8월을 말함. 한국에서는 8월 15일을 의미하는「中秋(ちゅうしゅう)」와 같이 쓰이기도 한다.

月見（つきみ）：달맞이

月見酒（つきみざけ）：달맞이 술. 달을 감상하면서 술을 마시는 것. 또는 그 술.

敬老の日（けいろうのひ）：경로의 날. 9월 제3월요일.

秋分の日（しゅうぶんのひ）：추분의 날. 9월 23일경 낮과 밤의 길이가 같은 날. 이날부터 낮보다 밤의 길이가 길어진다.

해석

제19과 9월 중추명월

9월은 음력 표현법으로 「나가쓰키」라고 합니다. 나날이 밤이 길어지기 때문에 「밤이 긴 달」이 「요나가쓰키」로, 그것이 「나가쓰키」로 되었다고 전해지고 있습니다.

9월 9일은 「중양절」입니다. 「9」라는 양의 숫자가 겹치기 때문에 「중양」이라고 합니다. 기수가 양의 숫자이기 때문에 옛날부터 「9」가 겹치는 9월 9일은 매우 경사스러운 날로 간주되었습니다. 이때는 국화주를 마시거나 하였기 때문에 「국화절」이라고도 합니다.

음력으로 8월 15일의 달을 「중추명월」이라고 합니다. 지금은 대체로 9월 무렵입니다. 「십오야」라고도 합니다. 음력으로는 1월부터 3월을 봄, 4월부터 6월을 여름, 7월부터 9월을 가을, 10월부터 12월을 겨울이라고 하였습니다. 음력 7월, 8월, 9월은 가을에 해당하고, 8월은 그 두 번째에 있으므로 「중추(仲秋)」라고도 합니다. 「仲(중)」은 「백중숙계」의 「중」입니다. 그 중에서도 한 가운데에 있는 15일이 「중추(中秋)」가 됩니다. 「중추명월」이라는 것은 「가을의 한 가운데에 뜨는 보름달」이라는 뜻입니다.

십오야 때는 달을 보면서 음식을 즐기는 풍습이 있습니다. 이것을 「달맞이」라고 합니다. 억새풀을 장식하거나 보름달이 잘 보이는 곳에 자리를 깔고 달맞이 경단, 풋콩, 토란, 밤, 감 등을 먹으면서 달맞이 술을 마시기도 합니다.

9월의 제3월요일은 「경로의 날」입니다. 다년간에 걸쳐 사회에 진력해 온 나이 드신 분을 공경하고 장수를 축하하는 날입니다.

9월 23일 무렵은 「추분의 날」입니다. 이날에 낮과 밤의 길이가 같아지며, 다음날부터 낮이 짧아지고 밤이 길어집니다.

노트 年齢

<年齢を表す言葉>

華甲 (かこう) : 화갑. 만 나이가 아닌 세는 나이로 61세. 회갑(回甲)이나 환갑(還甲)을 나타내는 가장 품위 있는 표현. 「華」자를 분해하면 61이 되는 데서 비롯됨.

古稀 (こき) : 고희. 70세. 두보의 시 「人生七十古来稀なり (인생 70살 예부터 드문 일이다)」라는 시구에서 비롯됨. 일본에서는 「古希」로도 표기한다.

喜寿 (きじゅ) : 희수. 77세. 「喜」자의 초서체를 七十七로 읽을 수 있는 데서 비롯됨.

傘寿 (さんじゅ) : 산수. 80세. 「傘」의 약자를 八十으로 읽을 수 있는 데서 비롯됨.

米寿 (べいじゅ) : 미수. 88세. 「米」자를 분해하면 八十八이 되는 데서 비롯됨.

卒寿 (そつじゅ) : 졸수. 90세. 「卒」의 이체자가 九十으로 읽을 수 있는 데서 비롯됨.

白寿 (はくじゅ) : 백수. 99세. 「百」에서 「一」을 빼면 99가 되기 때문임.

百寿 (ももじゅ) : 백수. 100세. 「もも」는 일본 고유어로 「백」을 나타낸다. 참고로 「백」을 나타내는 한국어 고유의 숫자는 「온」이다. 일반적으로 한국어로 「백수」라고 하면 「99세」를 의미한다.

茶寿 (ちゃじゅ) : 차수. 108세. 「茶」자를 분해하면 108이 됨. 「米寿(べいじゅ)」가 88이고 그 위에 20이 있으므로 합하면 108이 된다.

皇寿 (こうじゅ) : 황수. 111세. 「皇」자의 「白」은 99세를 나타내고, 「王」을 「一、十、一」로 분해하면 12가 되므로 합하면 111이 된다.

<孔子の言葉>

연령을 나타내는 아래의 표현들은 논어에 있는 말인데, 공자가 만년에 자신의 생애를 뒤돌아보면서 했던 말에서 비롯되었다.

志学（しがく）: 지학. 15세. 공자가 학문에 뜻을 두었다고 하는 연령.

而立（じりつ）: 이립. 30세. 30세에 학문의 기초가 정립되어 자립하였다.

不惑（ふわく）: 불혹. 40세. 40세가 되어 마음의 흔들림이 없어졌다.

知命（ちめい）: 지명. 50세. 50세가 되어 하늘에서 부여된 사명을 알았다.

耳順（じじゅん）: 이순. 60세. 60세가 되어 다른 사람의 말을 순수하게 받아들일 수가 있게 되었다.

従心（じゅうしん）: 종심. 70세. 70세가 되어 마음이 가는대로 행동하여도 사람의 길을 벗어나는 일이 없게 되었다.

第20課 10月 スポーツ

十月は「神無月(かんなづき)」とも言います。この月に日本中の神様が会議をするために島根県にある出雲大社(いずもたいしゃ)に集まり、他の地域には神様がいなくなってしまうことから「神無月」と呼ばれるようになったと言われています。神様が集まる島根県では「神在月(かみありづき)」と言います。また、水が一番豊富な六月が「水無月(みなづき)」であったように、「神の月」が「神無月」になったとの説もあります。

10月1日には衣替え(ころもがえ)をするところが多いです。夏物の服から冬物の服に替えるのです。特に学校や官公庁、銀行などではこの日に衣替えが行われています。

十月と言えばスポーツです。10月第2月曜日は「体育の日」です。1964年10月10日に行われた東京オリンピックの開会式を記念して国民の祝日になりました。元々は10月10日が「体育の日」だったのですが、週休二日制(しゅうきゅうふつかせい)の一般化によって2000年から第2月曜日になりました。ハッピーマンデー制度の一環です。「体育の日」は2020年から「スポーツの日」に名称が改められます。

東京オリンピックは衛星中継が始まった大会として知られています。また、案内や誘導、競技種目表示などにおいて用いられるピクトグラムが採用されたのも東京オリンピックが最初

です。

十月には運動会があります。小学校では主に「運動会」と言い、中学校や高校では「体育祭」と呼ぶことが多いです。「体育大会」「スポーツ大会」などの呼び方もあります。競走(きょうそう)、二人三脚(ににんさんきゃく)、騎馬戦(きばせん)、綱引(つなひ)き、マスゲーム、フォークダンスなどの種目があります。

語句

神無月（かんなづき）: 간나즈키. 음력 10월의 다른 이름.

出雲大社（いずもたいしゃ）: 이즈모타이샤. 시마네현에 있는 일본을 대표하는 신사.

神在月（かみありづき）: 가미아리즈키. 시마네현에서만 음력 10월을 지칭하는 말.

衣替え（ころもがえ）: 고로모가에. 철따라 옷을 갈아입는 것.

体育の日（たいいくのひ）: 체육의 날. 2020년부터 「스포츠의 날」로 변경될 전망.

週休二日制（しゅうきゅうふつかせい）: 주5일제근무. 일본에서는 쉬는 날을 중심으로 「주휴2일제」라고 한다.

ハッピーマンデー制度（ハッピーマンデーせいど）: 해피먼데이제도. 일본식 영어 happy Monday. 「행복한 월요일」이라는 뜻으로 1998년부터 시행된 월요일로 국민의 경축일이 이동한 제도. 성인의 날, 체육의 날 등.

スポーツの日（スポーツのひ）: 스포츠의 날. 2020년의 도쿄올림픽도 고려해서 2018년에 개정안이 국회를 통과할 전망이다.

ピクトグラム : 픽토그램. pictogram. 그림문자.

運動会（うんどうかい）: 운동회

二人三脚（ににんさんきゃく）: 이인삼각. 두 사람이 다리를 묶고 달리는 경기. 비유적으로 두 사람이 협력하여 일을 처리하는 것을 가리키기도 한다.

綱引き（つなひき）: 줄다리기

フォークダンス : 포크댄스. folk dance. 전통적인 민속무용, 또는 레크리에이션용 집단무용.

해석

제20과 10월 스포츠

10월은 「간나즈키」라고도 합니다. 이 달에 온 일본에 있는 신들이 회의를 하기 위해 시마네현에 있는 이즈모타이샤에 모이기 때문에, 다른 지역에는 신이 없어져버린다고 하여 「간나즈키」라고 불리게 되었다고 전해지고 있습니다. 신이 모이는 시마네현에서는 「가미아리즈키」라고 합니다. 또, 물이 가장 풍부한 6월이 「미나즈키」였던 것처럼, 「신의 달」이 「간나즈키」가 되었다는 설도 있습니다.

10월 1일에는 고로모가에를 하는 곳이 많습니다. 여름용의 복장에서 겨울용의 복장으로 바꾸는 것입니다. 특히 학교나 관공청, 은행 등에서는 이날에 고로모가에가 행해지고 있습니다.

10월이라고 하면 스포츠입니다. 10월 제2월요일은 「체육의 날」입니다. 1964년 10월 10일에 행해진 도쿄올림픽의 개회식을 기념하여 국민의 경축일이 되었습니다. 원래는 10월 10일이 「체육의 날」이었습니다만, 주5일제근무가 일반화됨에 따라 2000년부터 제2월요일이 되었습니다. 해피먼데이제도의 일환입니다. 「체육의 날」은 2020년부터 「스포츠의 날」로 명칭이 바뀝니다.

도쿄올림픽은 위성중계가 시작된 대회로 알려져 있습니다. 또, 안내라든가 유도, 경기종목표시 등에 있어서 사용되고 있는 픽토그램이 채용된 것도 도쿄올림픽이 최초입니다.

10월에는 운동회가 있습니다. 초등학교에서는 주로 「운동회」라고 하고, 중학교와 고등학교에서는 「체육제」라고 부르는 경우가 많습니다. 「체육대회」 「스포츠대회」 등으로 부르는 경우도 있습니다. 경주, 이인삼각, 기마전, 줄다리기, 매스게임, 포크댄스 등의 종목이 있습니다.

노트 なぞなぞ②

日本のなぞなぞ 2

(1) お父(とう)さんが 一番(いちばん) きらいな くだものって なあに？

(2) にわで さかだちしている 動物(どうぶつ)って 何(なん)でしょうか？

(3) 上(うえ)から読(よ)んでも 下(した)から読(よ)んでも 同(おな)じ名前(なまえ)の やさいって なあに？

(4) れいぞうこの 中(なか)にいる 動物(どうぶつ)って 何(なに)か 分(わ)かる？

(5) にげても にげても おいかけてくるものは 何(なん)でしょうか？

(6) 見(み)ると つい キスしたくなる 花(はな)って なあに？

(7) そうめんの中(なか)に 必(かなら)ず 入(はい)っている 赤(あか)いものは 何(なん)でしょうか？

(8) いすは いすでも 冷(つめ)たくて おいしい いすは なあに？

(9) ひるまは よこになってても できるのに 夜(よる)は がんばっても できないものって なあに？

(10) 服(ふく)にも ケイタイにも ついている 花(はな)は 何(なん)でしょうか。

일본의 수수께끼 2 (해석)

(1) 아빠가 가장 싫어하는 과일이 뭐~게?

(2) 마당에서 물구나무서고 있는 동물이 뭘까요?

(3) 위로부터 읽어도 아래로부터 읽어도 같은 이름의 야채가 뭐야?

(4) 냉장고 안에 있는 동물이 뭔지 알아?

(5) 도망쳐도 도망쳐도 뒤쫓아 오는 것은 무엇일까요?

(6) 보면 그만 키스하고 싶어지는 꽃이 뭐~게?

(7) 소면 안에 반드시 들어 있는 빨간 것은 무엇일까요?

(8) 의자는 의자인데 차갑고 맛있는 의자가 뭐지?

(9) 낮에는 누워서라도 할 수 있는데 밤에는 하려고 해도 할 수 없는 것이 뭐~게?

(10) 옷에도 휴대폰에도 붙어 있는 꽃이 무엇일까요?

정답

(1) パパイヤ(파파야 : 「パパイヤ」가 「아빠 싫어」와 발음이 같다) / (2) わに(악어 : 「わに」를 뒤집어서 읽으면 「にわ (마당)」가 된다) / (3) トマト(토마토) / (4) ぞう(코끼리 : 「れいぞうこ」의 한가운데에 「ぞう」가 들어 있다) / (5) かげ(그림자) / (6) チューリップ(튤립 : 「チュー」는 「뽀뽀」를 나타내고 「リップ」는 「입술」을 나타내고 있다) / (7) うめ(매실 : 「そうめん」의 한가운데에 「うめ」가 들어 있다) / (8) アイスクリーム(아이스크림 : 「アイス」에 「いす(의자)」가 들어 있다) / (9) ひるね(낮잠) / (10) ボタン(모란 : 「ボタン」은 「버튼」도 되고 「모란꽃」도 된다)

상식더하기

일본의 국명

【日本】

일본이라는 나라의 공식 표기는 「日本国」이며, 읽기는 「にほんこく」 또는 「にっぽんこく」이다. 「日本」은 줄여서 쓰는 말인데 「にほん(니혼)」 또는 「にっぽん(닛폰)」으로 읽는다. 「にほん」은 음운 생략에 의한 관용적인 읽기이고, 「にっぽん」은 「にち」와 「ほん」이 연결되면서 촉음화현상이 발생한 것이기 때문에 문법적인 읽기이다.

「日本」이라는 국호는 7세기 후반부터 사용되기 시작하였다. 처음에는 오음(呉音)으로 「にっぽん」, 한음(漢音)으로 「じっぽん (짓폰)」으로 읽힌 것으로 보인다. 「やまと」로 읽힌 경우도 있었다. 그 후, 시간의 흐름과 더불어 「にほん」이 일본 국내에서 관용적으로 읽히게 된다.

일본이라는 국호를 「日本国」이라고 할지 「日本」이라고 할지는 법령으로 정해져 있지는 않다. 일본국 외무성에서 발급되는 여권의 표지에 「日本国」이라고 표기되어 있고, 일본공업규격도 「日本国」이라고 표기하며, 일본의 헌법도 「日本国憲法」이라고 표기하기 때문에 「日本国」을 공식 표기로 보는 것이다. 「日本」은 「日(ひ)の本(もと)」 즉 「해가 떠오르는 곳」이라는 뜻이다.

실질적으로 일상생활에서는 「にほん」이 주로 쓰이고, 「にっぽん」은 대외적인 경우에 주로 쓰이며 이때는 로마자로 「NIPPON」을 사용하는 경우가 많다. 그래서 일본의 우표에는 「NIPPON」이 사용되고 있고, 「日本郵便」은 「にっぽんゆうびん」이라고 한다. 일본의 지폐에도 「NIPPON」이 사용되고 있으며 지폐발권자인 「日本銀行」도 「NIPPON GINKO」로 표기한다. 또한 「にっぽん」이 음성적으로 강렬함이 느껴지고 디자인적으로도 세련되게 보이기 때문에 국가간 대항의 스포츠 시합의 경우에는 대부분 「にっぽん」, 로마자 표기로 「NIPPON」을 쓰고 있다. 도쿄와 오사카에는 「日本橋」라는 다리가 있는데, 도쿄에 있는 다리는 「にほんばし」라고 읽고, 오사카에 있는 다리는 「にっぽんばし」라고 읽는다.

【Japan】

일본을 영어로 표기할 때는 Japan이라고 한다. 일본을 왜 Japan이라고 하게 되었는지에 대해서는 여러 가지 설이 있다.

가장 일반적으로 알려져 있는 것은 이탈리아의 마르코 폴로가 동방견문록에서 일본을 가리켜 「황금의 나라 지팡구」라고 표현한데서 비롯되었다는 것이다. 마르코 폴로는 중국의 원나라에서 관직에 올라 17년을 살았다. 일본에 관한 얘기는 이때에 일본을 다녀온 적이 있는 중국인으로부터 전해들은 것으로 보인다. 그중에서도 특히 현재의 이와테현에 있는 「中尊寺金色堂（ちゅうそんじこんじきどう）」의 화려함을 전해 듣고 당시 이 지역에서 막대한 금이 산출되었던 것과 더불어 황금의 나라라는 관념을 가지게 되었다. 그와 같은 개념이 동방견문록에서 일본을 묘사할 때에 사용되었고 유럽에 알려지게 되었다는 것이다.

또한 Japan에 관련해서는 중국의 남방지역에서 일본을 가리켜 부른 중국식 표현, 특히 광동어식 표현이 변화하였다고 보는 설도 있다.

그러나, 가장 설득력이 있다고 생각되는 것은 일본을 한음(漢音)으로 「じっぽん(짓폰)」이라고 읽은 적이 있었고, Japan이 여기에서 비롯되었다고 보는 것이다. 「日」을 「じつ」라고 읽는 것은 지금도 남아 있다. 예를 들면, 「本日(ほんじつ)」 「吉日(きちじつ)」 「昨日 (さくじつ)」와 같이 「日」을 「じつ」라고 읽는 예가 많이 있다. 「日本」도 「じつ」에 「ほん」이 더해지면서 촉음화현상이 발생하여 「じっぽん」이 되었다는 것은 충분히 이해가 가능한 것이다. 이것을 로마자로 표기하면 「JIPPON」이 된다. 여기에서 발음변화에 의해 「JAPAN」이 되었다고 볼 수 있다.

「日本」을 영어로는 「ジャパン (Japan)」, 프랑스어로는 「ジャポン (Japon)」이라고 한다.

第21課　11月　文化の日

11月は「霜月(しもつき)」とも言います。霜が降りる頃であることから「霜月」と呼ばれるようになりました。

11月3日は「文化の日」です。「自由と平和を愛し、文化を薦(すす)める」ことを趣旨とした国民の祝日です。1946年に日本国憲法が公布(こうふ)された日です。ただし、日本国憲法は1947年5月3日に施行(しこう)されたので、5月3日は「憲法記念日」です。文化の日には各種学校で文化祭が催(もよお)され、皇居(こうきょ)では文化勲章の授与式が行われます。

11月15日は「七五三」です。数え年で、男の子は三歳と五歳、女の子は三歳と七歳に、晴れ着を着て神社や氏神(うじがみ)にお参りして、将来の幸福と長寿をお祈りする行事です。

11月23日は「勤労感謝の日」です。「勤労を尊び、生産を祝い、国民が互いに感謝し合う日」です。終戦までは「新嘗祭(にいなめさい)」が行われていました。新嘗祭は天皇が行う収穫祭です。その年に収穫した新穀(しんこく)を天地の神に供え、農作物の恵みに感謝する儀式です。

11月は紅葉狩(もみじがり)の季節でもあります。日本で「紅葉」と言えば、伝統的には10月の行事というイメージが強く、花札(はなふだ)の絵柄も紅葉は10月を表すことになっているのですが、それは陰暦のことで、今日では陽暦の11月の行事の印象が強いです。春に桜を観賞することは「花見」と言い、月を観ることは「月見」と言うのですが、秋に紅葉を観賞することは「紅葉見」ではなく、「紅葉狩」と言うのも興味深いです。

語句

文化の日（ぶんかのひ）：문화의 날. 11월 3일. 국민의 경축일의 하나.

霜月（しもつき）：시모쓰키. 음력 11월의 다른 이름.

日本国憲法（にほんこくけんぽう）：일본국헌법. 전후 새롭게 만든 헌법.

文化祭（ぶんかさい）：학교에서는 학생이 중심이 되고, 지역에서는 주민이 주체가 되어 각종 전시회나 음악, 연극, 강연 등을 개최하는 행사.

文化勲章（ぶんかくんしょう）：문화훈장. 학문이나 예술 등, 문화의 발달에 탁월한 공적이 있는 사람에게 수여되는 훈장.

七五三（しちごさん）：시치고산. 11월 15일에 하는 어린이를 위한 행사.

数え年（かぞえどし）：세는 나이. 태어난 해를 한 살로 하고, 이후 설이 될 때마다 한 살을 더하여 세는 나이.

晴れ着（はれぎ）：나들이옷. 드러나거나 경사스러운 장소에 나갈 때 입는 옷.

氏神（うじがみ）：씨족신

勤労感謝の日（きんろうかんしゃのひ）：근로감사의 날. 11월 23일의 국민의 경축일.

新嘗祭（にいなめさい）：신상제. 현재는「근로감사의 날」로 국민의 경축일이 되었다.

紅葉狩（もみじがり）：단풍놀이

花札（はなふだ）：화투. 꽃그림을 사용한 카드놀이. 松(소나무), 梅(매화), 桜(벚꽃), 藤(등나무), かきつばた(제비붓꽃), 牡丹(모란), 萩(싸리), すすき(억새), 菊(국화), 紅葉(단풍나무), 柳(버드나무), 桐(오동나무)라는 12종의 식물을 각 월별로 배치하여 일본 문화를 그렸다.

絵柄（えがら）：도안. 무늬.

해석

제21과 11월 문화의 날

11월은 「시모쓰키」라고도 합니다. 서리가 내릴 무렵이라는 뜻에서 「시모쓰키」라고 불리게 되었습니다.

11월 3일은 「문화의 날」입니다. 「자유와 평화를 사랑하고, 문화를 권장한다」는 것을 취지로 한 국민의 경축일입니다. 1946년에 일본국헌법이 공포된 날입니다. 단, 일본국헌법은 1947년 5월 3일에 시행되었기 때문에 5월 3일은 「헌법기념일」입니다. 문화의 날에는 각종 학교에서 문화제가 개최되고, 황거에서는 문화훈장의 수여식이 거행됩니다.

11월 15일은 「시치고산」입니다. 세는 나이로 남자 아이는 세 살과 다섯 살, 여자 아이는 세 살과 일곱 살에 나들이옷을 입고 신사나 씨족신에 참배를 하고, 장래의 행복과 장수를 기원하는 행사입니다.

11월 23일은 「근로감사의 날」입니다. 「근로를 존중하고, 생산을 축하하며 국민이 서로 감사하는 날」입니다. 종전까지는 「신상제」가 행해졌습니다. 신상제는 천황이 행하는 수확제입니다. 그 해에 수확한 햇곡식을 천지의 신에게 올리고, 농작물의 은혜에 감사하는 의식입니다.

11월은 단풍놀이의 계절이기도 합니다. 일본에서 「단풍」이라고 하면, 전통적으로는 10월의 행사라는 이미지가 강하고, 화투의 도안에도 단풍은 10월을 나타내게 되어 있습니다만, 그것은 음력을 가리키는 것이므로 오늘날에는 양력 11월의 행사라는 인상이 강합니다. 봄에 벚꽃을 감상하는 것은 「하나미」라 하고, 달을 보는 것은 「쓰키미」라고 하는데, 가을에 단풍을 감상하는 것은 「모미지미」가 아니라 「모미지가리」라고 표현하는 것도 재미있습니다.

노트 漢字②

＜二年生の漢字＞

(日本の教育漢字1026字のうち、小学校二年生対象の漢字160字)

番号	漢字	音読、訓読	番号	漢字	音読、訓読
1	引	イン、引く	21	丸	ガン、まる
2	羽	ウ、は、はね	22	岩	ガン、いわ
3	雲	ウン、くも	23	顔	ガン、かお
4	園	エン、その	24	汽	キ
5	遠	エン、遠い	25	記	キ、記す
6	何	カ、なに、なん	26	帰	キ、帰る、帰す
7	科	カ	27	弓	キュウ、ゆみ
8	夏	カ、なつ	28	牛	ギュウ、うし
9	家	カ、いえ、や	29	魚	ギョ、さかな
10	歌	カ、うた、歌う	30	京	キョウ
11	画	ガ、カク	31	強	キョウ、強い
12	回	カイ、回る、回す	32	教	キョウ、教える
13	会	カイ、会う	33	近	キン、近い
14	海	カイ、うみ	34	兄	ケイ、あに
15	絵	カイ、エ	35	形	ケイ、かたち
16	外	ガイ、そと、外す	36	計	ケイ、計る
17	角	カク、かど、つの	37	元	ゲン、もと
18	楽	ガク、楽しい	38	言	ゲン、言う
19	活	カツ	39	原	ゲン、はら
20	間	カン、あいだ	40	戸	コ、と

番号	漢字	音読、訓読	番号	漢字	音読、訓読
41	古	コ、古い	61	作	サク、作る
42	午	ゴ	62	算	サン
43	後	ゴ、あと、後ろ	63	止	シ、止まる
44	語	ゴ、語る	64	市	シ、いち
45	工	コウ、ク	65	矢	シ、や
46	公	コウ、おおやけ	66	姉	シ、あね
47	広	コウ、広い	67	思	シ、思う
48	交	コウ、交わる	68	紙	シ、かみ
49	光	コウ、光る	69	寺	ジ、てら
50	考	コウ、考える	70	自	ジ、自ら
51	行	コウ、行く	71	時	ジ、とき
52	高	コウ、高い	72	室	シツ、むろ
53	黄	コウ、オウ、き	73	社	シャ、やしろ
54	合	ゴウ、合う	74	弱	ジャク、弱い
55	谷	コク、たに	75	首	シュ、くび
56	国	コク、くに	76	秋	シュウ、あき
57	黒	コク、黒い	77	週	シュウ
58	今	コン、いま	78	春	シュン、はる
59	才	サイ	79	書	ショ、書く
60	細	サイ、細い	80	少	ショウ、少ない

番号	漢字	音読、訓読	番号	漢字	音読、訓読
81	場	ジョウ、ば	101	太	タイ、太い
82	色	ショク、いろ	102	体	タイ、からだ
83	食	ショク、食べる	103	台	ダイ、タイ
84	心	シン、こころ	104	地	チ、ヂ
85	新	シン、新しい	105	池	チ、いけ
86	親	シン、おや	106	知	チ、知る
87	図	ズ、図る	107	茶	チャ、サ
88	数	スウ、数える	108	昼	チュウ、ひる
89	西	セイ、にし	109	長	チョウ、長い
90	声	セイ、こえ	110	鳥	チョウ、とり
91	星	セイ、ほし	111	朝	チョウ、あさ
92	晴	セイ、晴れる	112	直	チョク、直す
93	切	セツ、切る	113	通	ツウ、通る
94	雪	セツ、ゆき	114	弟	テイ、おとうと
95	船	セン、ふね	115	店	テン、みせ
96	線	セン	116	点	テン
97	前	ゼン、まえ	117	電	デン
98	組	ソ、組む	118	刀	トウ、かたな
99	走	ソウ、走る	119	冬	トウ、ふゆ
100	多	タ、多い	120	当	トウ、当たる

番号	漢字	音読、訓読	番号	漢字	音読、訓読
121	東	トウ、ひがし	141	歩	ホ、歩く
122	答	トウ、答える	142	母	ボ、はは
123	頭	トウ、あたま	143	方	ホウ、かた
124	同	ドウ、同じ	144	北	ホク、きた
125	道	ドウ、みち	145	毎	マイ
126	読	ドク、読む	146	妹	マイ、いもうと
127	内	ナイ、うち	147	万	マン
128	南	ナン、みなみ	148	明	メイ、明るい
129	肉	ニク	149	鳴	メイ、鳴く
130	馬	バ、うま	150	毛	モウ、け
131	売	バイ、売る	151	門	モン、かど
132	買	バイ、買う	152	夜	ヤ、よる
133	麦	バク、むぎ	153	野	ヤ、の
134	半	ハン、半ば	154	友	ユウ、とも
135	番	バン	155	用	ヨウ、用いる
136	父	フ、ちち	156	曜	ヨウ
137	風	フウ、かぜ	157	来	ライ、来る
138	分	ブン、分ける	158	里	リ、さと
139	聞	ブン、聞く	159	理	リ
140	米	ベイ、こめ	160	話	ワ、話す

<참고> 대표적인 음과 훈만 제시하였으므로 음과 훈이 더 있을 수 있다.

第22課 12月 除夜の鐘

12月は「師走(しわす)」とも言います。年末になると普段は重厚な人柄の師も馳せ回るほど慌ただしくなるという意味で、「師馳せ月(しはせつき)」が「しわす」になったと言われています。「馳せる」は「走る」と意味が相通じています。ここでの「師」は主に「僧侶(そうりょ)」を指すのが一般的です。昔は寺子屋(てらこや)などでお坊さんが若者たちに教育をしていたからです。

一年の最後の日を「大晦日(おおみそか)」と言います。「晦日(みそか)」は陰暦の言い方で、月の末日を指します。本来は月の30番目の日、つまり「三十日(みそか)」だったのですが、月末を指すようになりました。その中でも12月の末日を一年の最終日ということで「大晦日」、別の言い方で「大晦(おおつごもり)」とも言います。

大晦日の夜にはそばを食べる風習があります。これを「年越しそば」と言って、縁起物とされています。そばが長いことから、命や幸せが長く続くことを祈願する意味があるからです。また、そばは他の麺類よりも切れやすいことから、一年間の苦労を断ち切り、翌年に持ち越さないことを願うために食べるという説

もあります。

大晦日にはNHKの紅白歌合戦を見るのも楽しみです。その年に最も影響力のあった歌として選定された歌を男女それぞれのチームに分かれて競い合う伝統のある番組です。第68回を迎えた2017年には韓国のガールズグループ 「TWICE(トゥワイス)」も出場しました。

紅白歌合戦が終わるといよいよ除夜の鐘が鳴り響く時間です。除夜の鐘は多くの寺で108回撞(つ)きます。108回撞くのは仏教で言う108の煩悩に由来し、人間の持つ108の煩悩を払うという意味があると言われています。最後の一つは年が明けてから撞き、新年の始まりになります。

語句

除夜の鐘 (じょやのかね) : 제야의 종. 「除夜(じょや) : 제야」라는 것은 섣달그믐날의 밤을 말한다. 제야의 종은 제야의 한밤중에 108번뇌를 제거한다는 의미를 담아 절에서 108번 치는 종이다.

師走 (しわす) : 시와스. 섣달. 음력 12월의 다른 이름인데 요즘에는 양력 12월도 지칭한다.

馳せ回る (はせまわる) : 바삐 뛰어다니다. 동분서주하다.

寺子屋 (てらこや) : 데라코야. 서당. 메이지시대 초엽까지 무사나 승려와 같은 유식자가 어린아이를 대상으로 개설한 사설 교육기관. 주로 「読み : 읽기」「書き : 쓰기」「算盤(そろばん) : 주산」과 같은 초보학습을 실시하였다.

大晦日 (おおみそか) : 오미소카. 섣달그믐날. 각 달의 마지막을 「みそか(그믐날)」라고 하는데, 1년의 마지막 날은 특별히 「おおみそか(섣달그믐날)」라고 한다.

晦日 (みそか) : 미소카. 그믐날. 「三十日(みそか)」라고도 표기하여 원래는 각 달의 30번째의 날을 말하는데 변화하여 각 달의 마지막 날을 가리킨다.

三十日 (みそか) : 그믐날. 각 달의 30번째의 날. 변화하여 각 달의 마지막 날. 「三十」은 고유어로 「みそ」라고 읽는데, 한국어의 「서른」에 해당하는 말이다.

大晦 (おおつごもり) : 오쓰고모리. 섣달그믐날. 「おおみそか」의 다른 이름.

年越しそば (としこしそば) : 도시코시소바. 해 넘기기 메밀국수. 섣달그믐날에 먹는 메밀국수.

縁起物 (えんぎもの) : 행운의 물건. 행운을 가져다주는 것. 「だるま(오뚝이)」「まねきねこ(복고양이)」 등이 유명하다.

紅白歌合戦 (こうはくうたがっせん) : 홍백노래자랑. NHK의 가요프로그램. 1951년부터 하고 있는 남녀대항형식의 대형 프로그램이다.

撞く (つく) : 종을 치다

年が明ける (としがあける) : 해가 밝다. 새로운 해가 시작되다.

해석

제22과 12월 제야의 종

12월은 「시와스」라고도 합니다. 연말이 되면 평상시에는 중후한 인품을 가진 스승도 뛰어 돌아다닐 정도로 분주해진다는 뜻으로 「시하세쓰키 (스승이 달리는 달)」가 「시와스」가 되었다고 전해지고 있습니다. 「하세루」는 「하시루 (달리다)」와 뜻이 상통합니다. 여기에서의 「스승」은 주로 「승려」를 가리키는 것이 일반적입니다. 옛날에는 「데라코야 (서당)」 등에서 스님이 젊은이들에게 교육을 하고 있었기 때문입니다.

1년의 마지막 날을 「오미소카 (섣달그믐날)」라고 합니다. 「미소카 (그믐날)」는 음력 표현법으로 달의 말일을 가리킵니다. 본래는 달의 30번째 날, 즉 「30일」이었습니다만, 월말을 가리키게 되었습니다. 그 중에서도 12월 말일을 1년의 마지막 날이라는 뜻으로 「오미소카」, 다른 표현으로 「오쓰고모리」라고도 합니다.

섣달그믐날 밤에는 메밀국수를 먹는 풍습이 있습니다. 이것을 「도시코시소바 (해넘기기 메밀국수)」라고 하여 행운을 가져다주는 것으로 간주되고 있습니다. 메밀국수가 길기 때문에 생명이나 행복이 길게 지속되기를 기원하는 의미가 있기 때문입니다. 또, 메밀국수는 다른 면류보다도 잘 끊어지기 때문에 1년 동안의 고생을 끊고, 다음 해로 넘기지 않기를 기원하기 위하여 먹는다는 설도 있습니다.

섣달그믐날에는 NHK의 홍백노래자랑을 보는 것도 즐거움입니다. 그 해에 가장 영향력이 있었던 노래로 선정된 노래를 남녀 각각 팀으로 나뉘어 경합하는 전통 있는 프로그램입니다. 제68회를 맞이한 2017년에는 한국의 걸그룹 「트와이스」도 출연하였습니다.

홍백노래자랑이 끝나면 이윽고 제야의 종이 울려 퍼지는 시간입니다. 제야의 종은 많은 절에서 108번 칩니다. 108번 치는 것은 불교에서 말하는 108가지의 번뇌에서 유래하는데, 인간이 가지는 108가지의 번뇌를 씻어낸다는 뜻이 있다고 전해지고 있습니다. 마지막 한개는 새해가 되고 나서 치고, 새해가 시작되게 됩니다.

能力試験③

日本語能力試験 問題例 N3

일본어능력시험의 수준을 가늠하기 위하여 N3의 문제 예를 주관 부서인 일본 국제 교류기금이 발표한 가이드북에서 발췌, 편집하여 싣는다.

(1) ＿＿＿＿＿のことばはどう読みますか。
< 山本さんはクラスの代表に選ばれた。 >
1 たいひょう　2 だいひょ　3 だいひょう　4 たいひょ

(2) ＿＿＿＿＿のことばは漢字でどう書きますか。
< アルバイトのめんせつは来週の土曜日だ。 >
1 面接　2 面投　3 両接　4 両投

(3) （　　　　）に何を入れますか。
< （　　　　）寝たので、気持ちがいい。 >
1 すっかり　2 ぐっすり　3 はっきり　4 ぴったり

(4) ＿＿＿＿＿に意味が最も近いものはどれですか。
< 次々に新しいゲームが作られる。 >
1 だんだん　2 これから　3 いつでも　4 どんどん

(5) 「かわいがる」の使い方として最もよいものをえらんでください。
1 山田さんは子どもをとてもかわいがっています。
2 あの人は親をとてもかわいがっています。
3 田中さんは、いただいた時計をとてもかわいがっています。
4 あの人は自分の家をとてもかわいがっています。

(6) （　　　　）に入れるのに最もよいものを一つえらんでください。
< 父が短気なの（　　　　）、母の方は気が長い。 >
1 において　2 に対して　3 について　4 によって

(7) つぎの文の＿＿★＿＿に入る最もよいものを一つえらんでください。
< 先週 ＿＿＿ ＿＿＿ ＿★＿ ＿＿＿ から、行ってみませんか。 >
1 ばかりの　2 レストランが　3 オープンした　4 ある

問題 つぎの文章を読んで、(8)から(12)の中に入る最もよいものを一つえらんでください。

今年の夏休みに、初めて富士山に登りました。富士山は日本で一番高い山で、3776メートルもあります。(8)は私の国にはありません。それで、留学したら、ぜひ登ってみたいと思っていました。

富士山の途中までバスで行って、夜10時ごろから登り始めました。山の上で朝日を見るために夜中も歩かなければなりませんでした。登山の途中で、(9)と思いました。なぜかというと、夏でも富士山の上の方は本当に寒かったし、予想よりも山の道を歩くのは大変で、足も痛かったからです。(10)、山の上に着いて朝日を見たら、それまでの疲れが消えてしまいました。突然、目の前に広がる雲の間から朝日が(11)。今まで見た中で一番美しい朝日でした。一生忘れないだろうと思います。とてもすばらしい(12)

(8) 1 この一番高い富士山　2 こんな富士山
3 こんなに高い山　4 この一番高い山

(9) 1 いつか行こう　2 とうとう来なかった
3 やっと帰った　4 もう帰りたい

(10) 1 そのうえ　2 しかし　3 実は　4 それに

(11) 1 現れたのです　2 現れるはずです
3 現れたのでしょう　4 現れるはずでした

(12) 1 思い出を作りたいです　2 思いでもあります
3 思い出になりました　4 思い出がほしいです

問題 次の文章を読んで、質問に答えてください。(13−15)

海外旅行をする時に一般的な方法には、ガイドと一緒の「パック旅行」があるが、フリーツアーというものもある。

パック旅行は、目的地までの往復の交通や宿泊、観光などがパッケージになっているので、その名がある。すべてが決められているので、大変便利だが、団体行動をしなければならない。もっとゆっくり見たいなと思うような場所でも、決められたスケジュールにしばられる。

その点、フリーツアーは往復の交通手段と宿泊先が決められているだけで、それ以外は自由＝フリーだ。目的地での行動を自由に決めて、移動に必要な鉄道やバスなどの切符も一緒に申し込むことができる。ただ、フリーツアーでも注意しなければならない点がある。一度ツアー料金を払ってしまったら、往復の飛行機やホテルは変えられないし、キャンセルする場合は出発日の3週間も前からキャンセル料を取られてしまう。自分なりの計画をきちんと立てて、自由な旅を楽しもう。

(13)　ガイドと一緒の「パック旅行」のいい点はどんなところだと言っているか。

1　交通手段、宿泊先、予定などを自分で決めなくてもいいこと
2　他の旅行客と一緒に見て回れるので、友人が作れること
3　ガイドが一緒に行ってくれるので、くわしい説明が聞けること
4　ゆっくり見たい時には時間をのばしてゆっくり見られること

(14)　「フリーツアー」のいい点はどんなところだと言っているか。

1　団体で行動して他の旅行客と一緒に楽しく旅行できること
2　宿泊先が決まっているので、ホテルをさがす必要がないこと
3　時間にしばられないで、行きたい場所を自由に見て回れること
4　決められたスケジュールにしたがってゆっくり観光できること

(15)　「フリーツアー」で注意しなければならない点はどんなことだと言っているか。

1　料金を支払った後は、往復の交通手段と宿泊先は変えられないこと
2　鉄道やバスなどの切符は、目的地で自分で買わなければならないこと
3　ガイドがいないから、観光する時に道に迷うかもしれないこと
4　宿泊先が決まっていないので、ホテルをさがさなければならないこと

정답

(1) 3 (2) 1 (3) 2 (4) 4 (5) 1 (6) 2 (7) 2 (8) 3 (9) 4 (10) 2 (11) 1 (12) 3
(13) 1 (14) 3 (15) 1

상식더하기

생활용어

回転寿司（かいてんずし）：회전초밥
かっぱ巻き（かっぱまき）：오이 김초밥
ホタテ：가리비
あまえび：단새우
うどん（饂飩）：우동
片想い（かたおもい）: 짝사랑
二股（ふたまた）：양다리
恋バナ（こいばな）：연애이야기
エプロン：앞치마
洗濯バサミ（せんたくバサミ）：빨래집게
芸能人（げいのうじん）：연예인
生放送（なまほうそう）：생방송
チンする：전자레인지를 돌리다
栓抜き（せんぬき）：병따개
甘党（あまとう）：단 것을 좋아하는 사람
一気（いっき）：원샷
ポニーテール：포니테일
一括払い（いっかつばらい）：일시불
花柄（はながら）：꽃무늬
蛍光ペン（けいこうペン）：형광펜
部活（ぶかつ）：동아리 활동
間取り（まどり）：방 구조
新歓コンパ（しんかんコンパ）：신입생환영회
雪合戦（ゆきがっせん）：눈싸움
割り勘（わりかん）：각자부담, 더치페이

いなり寿司（いなりずし）：유부초밥
がり：초생강
イクラ：연어알
ポップコーン：팝콘
牛丼（ぎゅうどん）：소고기덮밥
両思い（りょうおもい）：둘 다 사랑
ふられる：퇴짜 맞다
モップ：밀대
しみ：얼룩
子役（こやく）：아역
連ドラ（れんドラ）：연속극
板前（いたまえ）：요리사
薬味（やくみ）：양념, 고명
こくがある：감칠맛이 있다
グルメ：미식가
空きっ腹（すきっぱら）：빈속
催し物（もよおしもの）：행사품
ジャージ：트레이닝복
頑張り屋（がんばりや）：노력파
山をかける：예상문제를 찍다
為替レート（かわせレート）：환율
絵の具（えのぐ）：물감
かき氷（かきごおり）：빙수
お洒落する（おしゃれする）：멋 부리다
女優（じょゆう）：여배우

색인

검색의 편의를 위하여 일본어 원문에 해당하는 한국어 번역으로 색인을 작성하였다. 따라서 아래의 페이지는 해당하는 일본어 원문이 있는 페이지이다.

〈ㄱ〉

〈ㄴ〉

〈ㄷ〉

〈ㄹ〉

〈ㅁ〉

〈ㅂ〉

〈ㅅ〉

〈ㅇ〉

백동선 (白同善)

- 일본 나고야대학대학원문학연구과 일본언어문화전공 석·박사과정 졸업, 문학박사
- 나고야한국학교, 나고야대학 교관 역임
- 현재 강원대학교 일본학과 교수

저서 및 논문

- 『초급일본어』 (2018, 신아사)
- 「ドラマを通じてみた敬語の誤用分析」 (2018, 『日本文化研究』 第67輯) 등

일본이 보이는 독해문

초판 1쇄 발행 _ 2018년 8월 28일
1판 2쇄 발행 _ 2024년 8월 28일

저 자 · 백 동 선
발행인 · 정 현 걸
발 행 · 신 아 사
인 쇄 · 부건애드
주 소 · 서울특별시 은평구 통일로 59길 4 (2층)
전 화 · (02) 382-6411 팩스 · (02) 382-6401
홈페이지 · www.shinasa.co.kr
E-mail · shinasa@daum.net
출판등록 · 1956년 1월 5일 (제 9-52호)

ISBN 978-89-8396-283-6 (93730)

정가 13,000원